中堅・中小企業のM&Aを成功に導く

Byside FA

川畑勇人

KAWABATA HAYATO

幻冬舎MC

中堅・中小企業のM＆Aを成功に導く
Byside FA

はじめに

中堅・中小企業の後継者不在問題を背景として、近年、M&A事業者が増えています。中小企業庁のデータによると、M&A支援データベースに登録されているM&A事業者は法人・個人を合わせて3117件に上ります（2023年3月17日時点）。私がこの業界に入った2014年と比べて10倍以上に増加しており、空前のM&Aブームが訪れているといっても過言ではありません。しかし、その裏には深刻な問題が潜んでいます。

後継者不在による事業承継ニーズは年々高まっていますから、M&A事業者にとって、売り手企業を見つけやすくなってきました。一方、その売り手にマッチする買い手を見つけることがなかなかできず、案件をいくつも抱え込んでしまっている業者が増えています。売り手候補が多数あるものの、その企業のもつ潜在的な価値がすぐに分かる会社ばかりではないため、売り手にふさわしい買い手を見つけるのは困難を極めます。実は、一見すると価値が分かりにくい会社であっても、買い手の経営戦略や事業戦略によっては価値を見いだせるケースもあるのですが、買い手に対しての理解を深め、事業成長の可能性を提案できるM&A事業者は多くありません。

これは、M&A事業者にとって不幸な状態であるばかりでなく、売り手企業にとっても大きな不幸です。また、買い手企業にとっても、M&A事業者から見当違いな売り手候補ばかりもち込まれていると、無駄な検討を重ねなければならず、やはりメリットはありません。

この不幸を解消するために、本書で提唱するのが「買いFA」の活用です。

FA（ファイナンシャル・アドバイザー）とは、買い手もしくは売り手のどちらか一方とアドバイザリー契約を結んで、依頼者の利益を最大化するために助言や代理交渉を行うアドバイザーです。従来は大手企業のM&Aディールでのみ用いられていたもので、事業承継目的での中堅・中小企業M&Aにおいては「仲介会社」が売り手・買い手の両者と契約を結び、その間に立って売買を取りまとめる仲介方式が一般的でした。しかし、売り手と買い手の間に隔たりが生じている現状においては、買い手との交渉を専門に行うFAの活用が問題解消のカギとなります。

私は2014年に業界最大手のM&A仲介会社に入社後、一貫して買い手部門で買い手候補企業の発掘と交渉にあたってきました。入社から2年半後には全社トップの営業成績を上げMVP表彰を受けています。6年目からは買い手部門の部長となり、部門全体として年間100件程度の成約、売上にして30億円を達成していました。

そんななか、それまでに培った買い手発掘や買い手との交渉ノウハウを活かし、従来は大手を対象としていたFA方式を中堅・中小企業M&Aのディール向けに最適化して応用することを考えました。そして中堅・中小企業M&A専門の「買いFA」として、進展しないディールに悩むM&A仲介会社やM&Aアドバイザー、さらには買い手企業を支援する事業をスタートさせたのです。

私は買いFAの事業を始めてまだ1年ほどですが、すでに多くのM&A仲介会社、M&Aアドバイザーからのコンタクトをいただき、成約までたどり着いたディールも数多く生まれています。

本書では、それらの実例をもとに〝買いFAのリアル〟を紹介しています。本書を通じて買いFAへの理解が広がることで、M&Aに関わる人たち、譲り受けたくなる案件が提案されない買い手企業の悩みが解消され、M&A市場がさらに活性化していくことを願ってやみません。

目次

第2章

売り手は見つかるが、買い手がなかなか見つからない……
中堅・中小企業のM&Aを担う仲介会社の悩み

第3章

M&Aをサポートするのは仲介会社だけではない
中堅・中小企業のM&AにおけるFAの可能性

第4章

買い手が見つからない仲介会社を救う 業界初の買い手のプラットフォーム「Byside FA」

第5章

仲介会社、FA、売り手、買い手……すべてにメリットをもたらす「Byside FA」が日本のM&Aを変える

第1章

市場規模が拡大するなか、M&A仲介会社が急増

競争が激化する中堅・中小企業のM&A

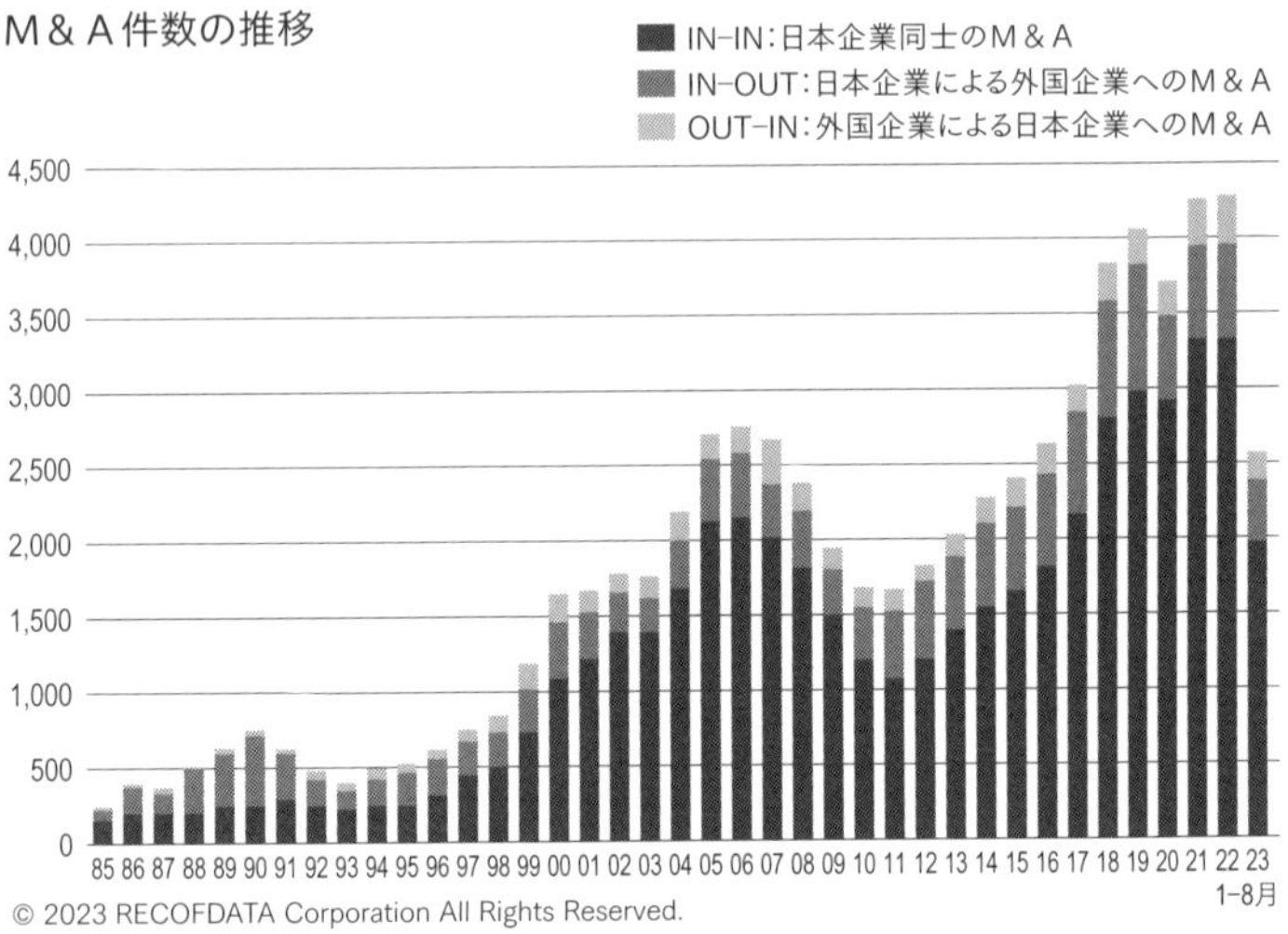

出典：レコフデータのマールオンライン「グラフで見るM＆A動向」（2023年9月1日）

団塊世代経営者の大量引退と中堅・中小企業M&A市場の急拡大

総務省の推計によれば、1947年からの3年間で起きた、第一次ベビーブームに生まれたいわゆる団塊世代は、2021年10月時点で約600万人近くいるとされています。少子高齢化が急速に進行しているなかで、2025年には団塊世代の中堅・中小企業経営者の多くが引退することが予想されています。

中堅・中小企業においては創業者や現在の経営者の引退の数に比して、特に事業を引き継ぐ後継者不足が深刻な問題となっています。業種を問わず、後継者不足から実際に廃業を余儀なくされる企業・事業者も年々増えてきました。

東京商工リサーチが発表した2022年の後継者難倒産は422件（前年比10・7％増）に上り、調査を開始した2013年以降最多で、初の400件超えとなっています。このように後継者難倒産をする企業が増え続けているという厳しい現実があります。

後継者難倒産とは、経営者から事業を引き継ぐ後継者の不在、経営者の病気や死亡、または事業承継の失敗などの原因により、事業継続の見込みが立たなくなって倒産してしまうことをいいます。

実際、業績自体は問題ないのに事業承継がうまくいかずに倒産せざるを得ないケースは、年々増加しています。しかし、そういった企業独自の技術やノウハウを存続させ、取り入れようと考える企業も多く、近年、中堅・中小企業のM&A（合併・買収）はかつてない活況を見せています。

M&Aというと大企業同士の合併や買収がメディアで取り上げられますが、近年は中堅・中小企業では後継者がいないなどの理由から、会社や事業の存続のためにM&Aの手法を活用して第三者へ承継するケースも増えています。

経営者の平均年齢

社長の年代別構成比

2021年12月時点(%)

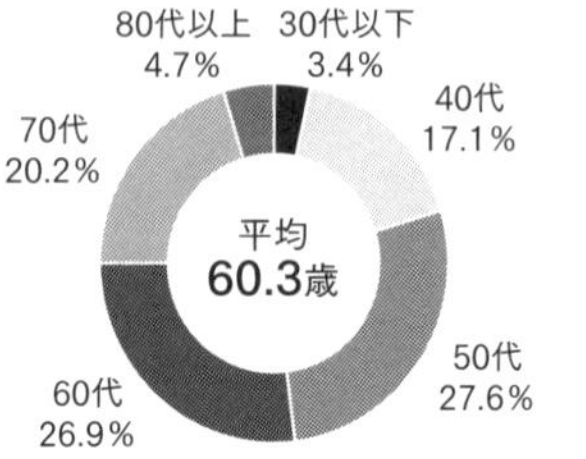

2021年12月時点の全国の企業の
社長平均年齢は**60.3**歳。
調査を開始した1990年は**54.0**歳だったが、
それ以降高齢化傾向が続いている。

後継者難倒産件数

負債額1,000万円以上の法的整理が対象(件数)

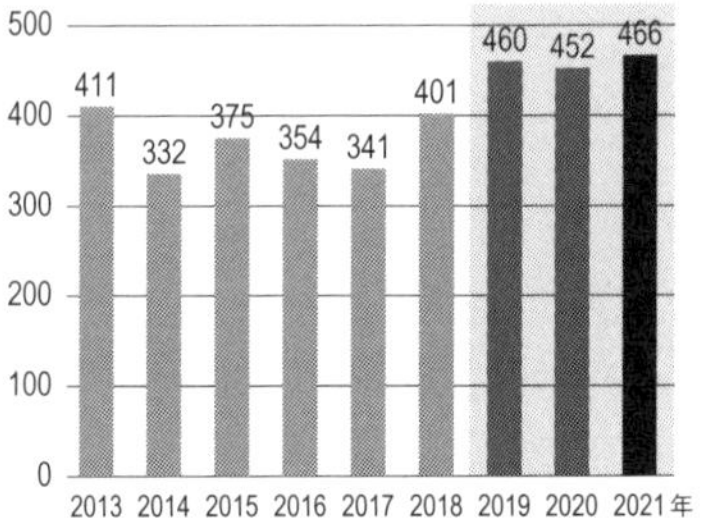

後継者難倒産の件数は過去最多を更新。
3年連続で**450**件超の高水準が続く。

出典：帝国データバンク

以前はＭ＆Ａになじみのない中堅・中小企業も多かったのですが、事業承継の選択肢として、また企業規模拡大や事業多角化の手段などとしても、中堅・中小企業にとって身近なものになりつつあります。

日本のＭ＆Ａは古く戦前からあり、当時は紡績業界や電力業界などの大企業を中心とした財閥や政府主導のＭ＆Ａが主流でした。一方、中堅・中小企業の場合は血縁や地縁といった関係性がすでにある企業間でしかＭ＆Ａが行われてきませんでした。つまりまったく見ず知らずの第三者に会社を売却するという意識は一般的にはなかったのです。しかし現在で

中小企業・小規模事業者の経営者の2025年における年齢

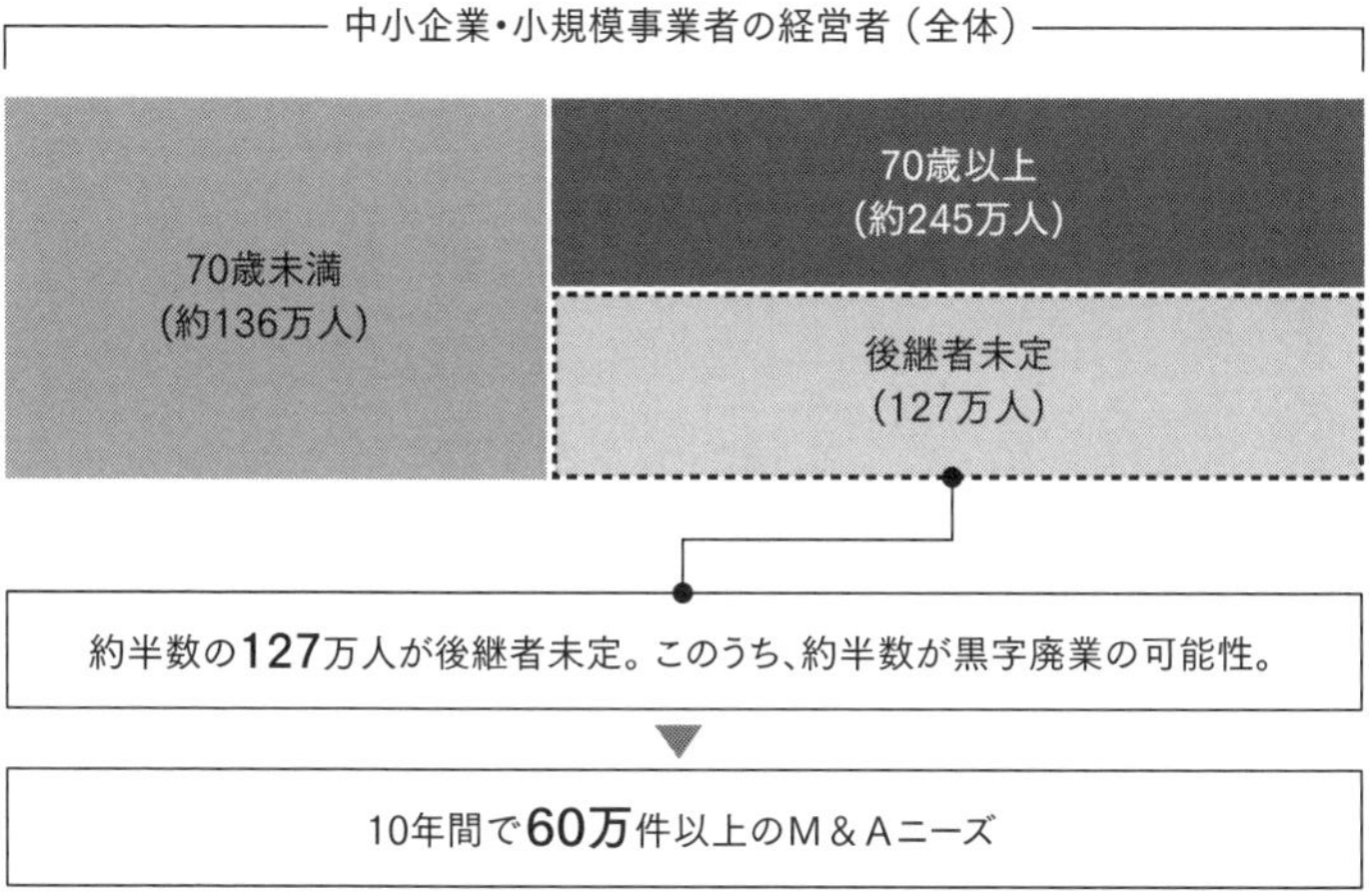

出典：中小企業庁「中小企業・小規模事業者におけるＭ＆Ａの現状と課題」より作成

は従来の地縁血縁関係に限られたＭ＆Ａでは対応できなくなり、結果的に倒産という選択をせざるを得ないケースが増えているのです。

　そうしたなか中堅・中小企業がＭ＆Ａを行う際に、仲介業者に依頼することで多くの候補先とのマッチングが可能になる「Ｍ＆Ａ仲介」というビジネスが増えてきています。その結果、中堅・中小企業の経営者に「Ｍ＆Ａ仲介」が事業承継などの選択肢の一つになり得る認識はここ数年で急速に広まっています。

国の後押しによる中堅・中小企業M&Aの拡大

日本の産業を下支えする中堅・中小企業の廃業が増加すれば、国内産業全体に大きな影響を及ぼすため、政府はこの問題に対して先手を打って対応してきました。

経済産業省・中小企業庁では、中堅・中小企業が円滑に事業承継を進めるための指針「事業承継ガイドライン」を2006年に公表しました。その後も中堅・中小企業の事業承継推進のため、改訂を重ね継続的に政策を施行しています。

2014年には中堅・中小企業に第三者承継＝M&Aを普及させるために、中小企業庁、中小企業基盤整備機構などによる「中小企業向け事業引継ぎ検討会」が設立され、翌年には「事業引継ぎガイドライン」が作成・公表されました。これは中堅・中小企業経営者に向けてM&Aの取り組み方を解説したもので、その後内容が全面的に見直され名称も内容とマッチした「中小M&Aガイドライン」に変更されています。

その後も「第三者承継支援総合パッケージ」が策定され、事業承継・引継ぎ支援センターの活用、民間のM&A支援事業者、プラットフォーマーなどの協力を得ながら、「1年間に6万件、10年間で60万件の第三者承継（M&A）の実施」という数値目標が設定されました。

さらに2021年には、コロナ禍の影響も踏まえて、より内容を深化させた「中小M＆A推進計画」も策定・公表されています。

こういった国からの政策的な後押しもあって、中堅・中小企業のM＆A市場は拡大してきたのです。

急増するM&A支援機関

中堅・中小企業のM＆A市場が拡大するにつれて、M＆Aを支援する機関も増加していきました。しかしこの機関には特別な許認可などは不要であったため、小規模なM＆A仲介会社やFAが急増し、実効性のある優良機関と問題のある不適切な機関の玉石混交となっていました。そこで、一定の仲介品質を担保するために設けられたのが、「M＆A支援機関登録制度」です。

同制度に登録するM＆A支援機関は、「中小M＆Aガイドライン」の遵守を宣言するこ

M＆Ａ支援機関の登録状況

登録M＆Ａ支援機関数

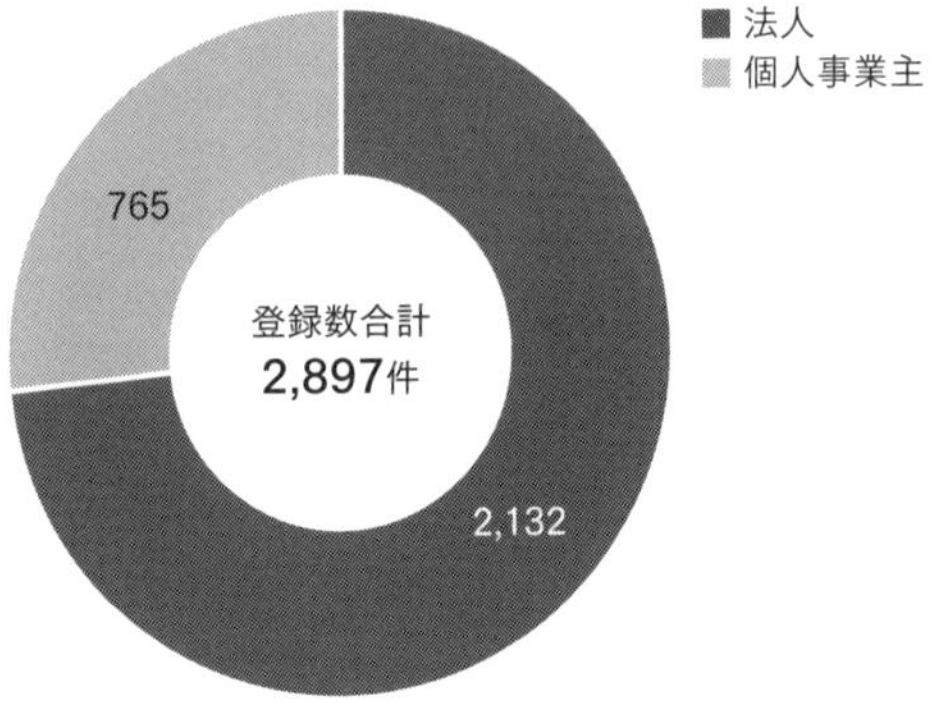

M＆Ａ支援機関の種類別登録数

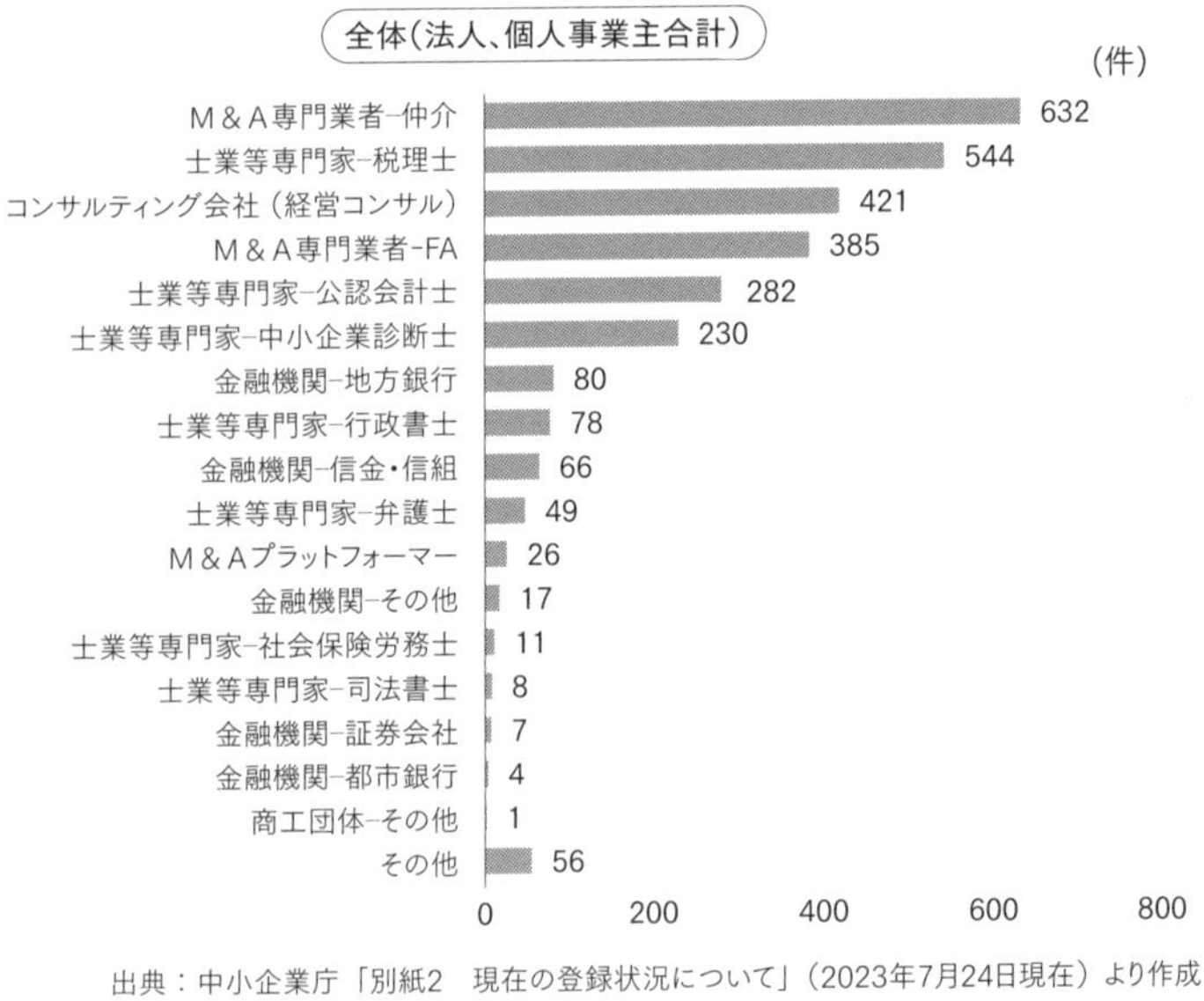

出典：中小企業庁「別紙2　現在の登録状況について」（2023年7月24日現在）より作成

設立年代別登録件数

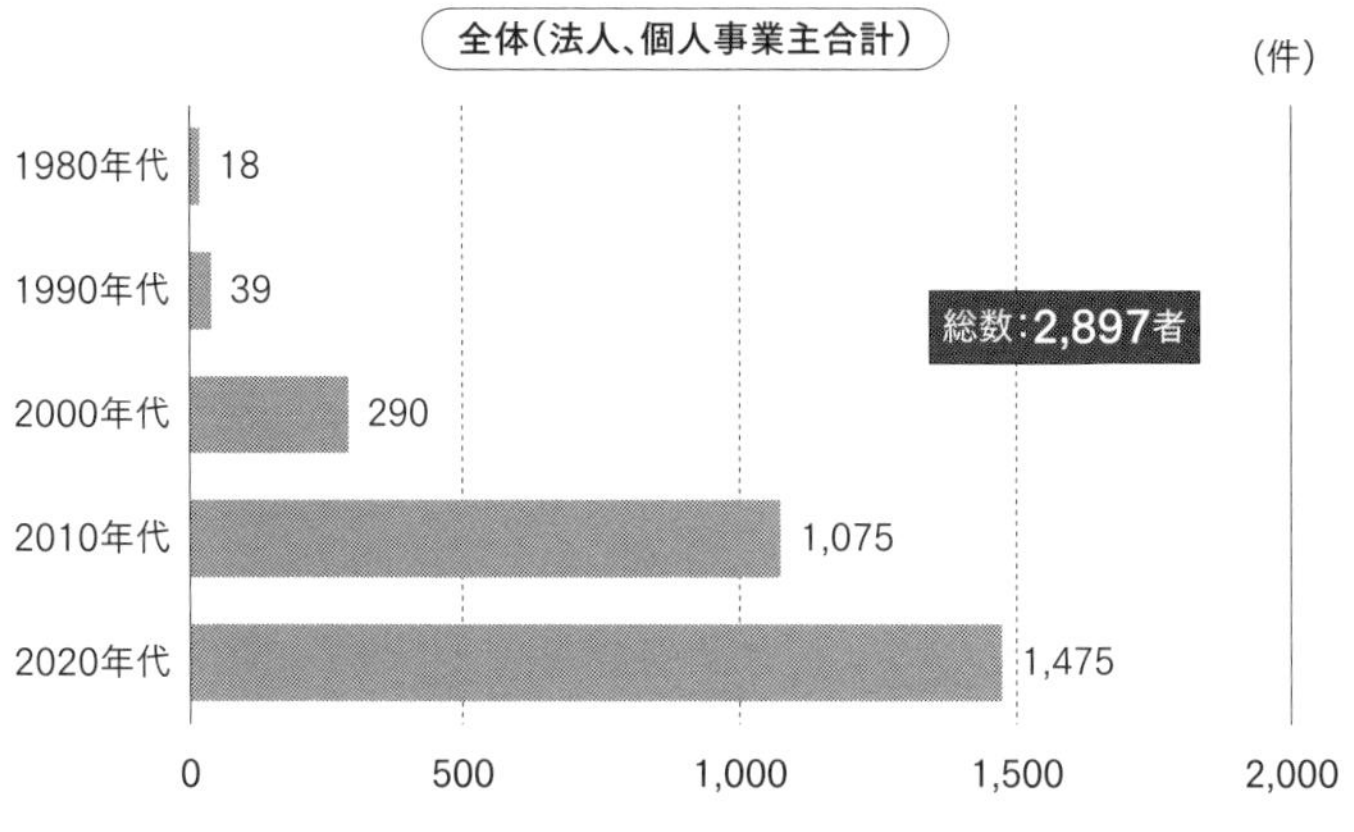

出典：中小企業庁「別紙2　現在の登録状況について」(2023年7月24日現在)より作成

とが要件とされ、毎年度の中堅・中小企業Ｍ＆Ａの成約実績の報告などが義務づけられます。事業承継・引継ぎ補助金といった仲介手数料などの国からの補助は、登録しているＭ＆Ａ支援機関のみ対象となっています。

これにより、急増していたＭ＆Ａ支援機関のなかから不適切な業者は排除されていきました。そして登録機関であることが信用できる機関かどうかの目安の一つとなり、経営者が支援機関を選ぶ際に一定の役割を果たすこととなりました。

とはいえ、すべての登録機関が期待どおりの実効性を示せるとは限りません。支援機関によって実績も業務にあたる体制も違

M＆A支援業務専従者数別の登録件数

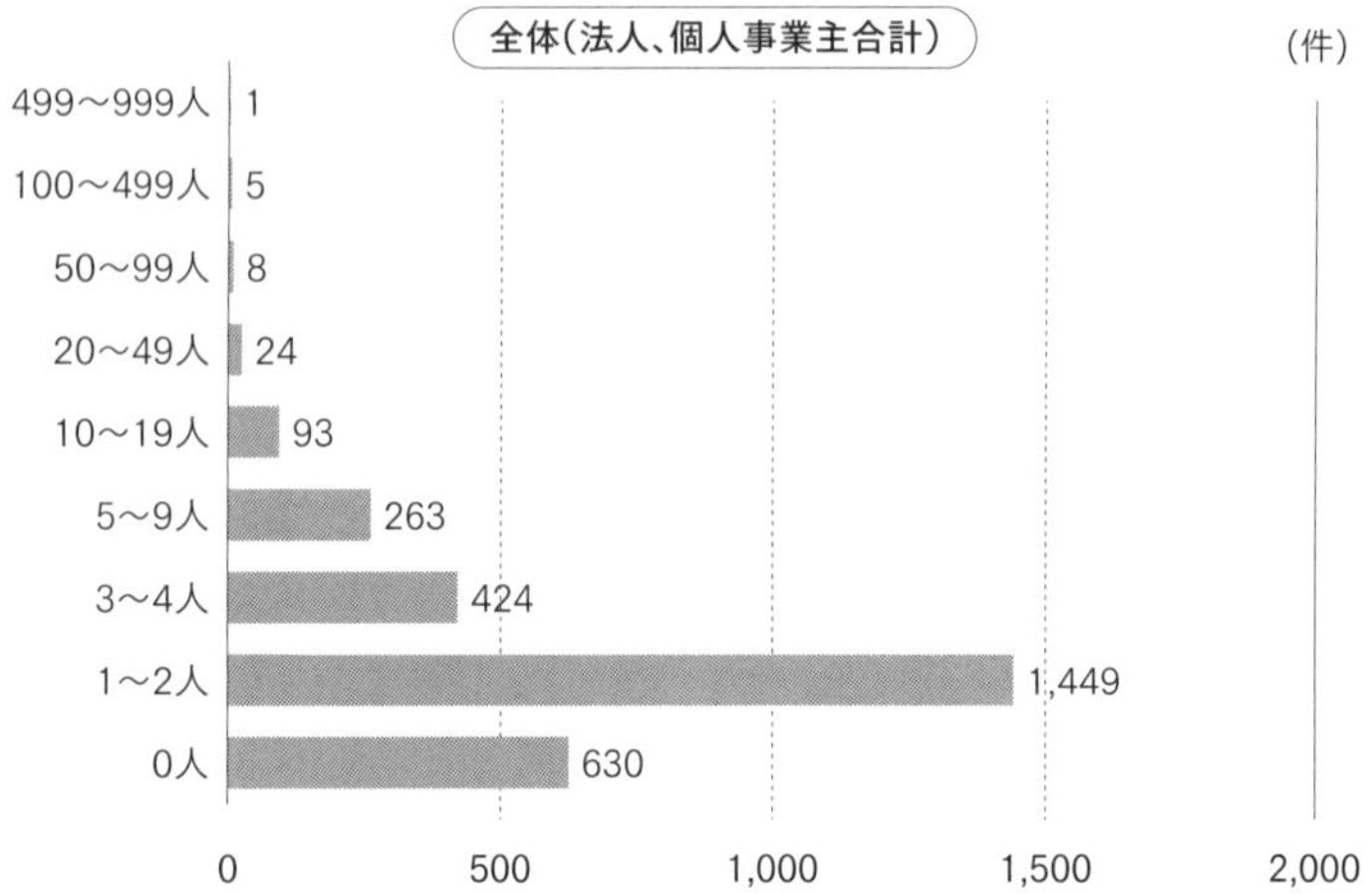

出典：中小企業庁「別紙2　現在の登録状況について」（2023年7月24日現在）より作成

うことと、また依頼する経営者側の考えとの齟齬もあり、実際にはなかなかうまくいかないことも多いのです。

M＆A支援機関の登録状況

2023年8月時点の登録総数は2897件です。そのうち、M＆A支援機関の種類別登録者（※）を見ると、M＆A専門業者は仲介とファイナンシャル・アドバイザーの別に集計されており、仲介が632者、ファイナンシャル・アドバイザーが385者と、両者で登録者全体の約35％を占めています。

（※）支援機関には法人と個人事業主があるので、表記は「者」としている。

登録支援機関全体の２８９７者のうち約半分の１４７５者は２０２０年代の設立であり、わずか2年ほどの間にできた新しい機関です。２０１０年以前に設立されて10年以上活動しているベテラン機関は３４７者と、全体のわずか12％しかありません。

「M&A支援業務専従者数別」の登録件数を見ると、登録支援機関の規模が分かります。M&A支援業務専従者とは、M&A事業だけを行っている担当者のことです。

これによると、M&A業務を専従で行う担当者が0人、つまり兼業でしかM&A業務を行っていない登録支援機関が６３０件（21・7％）、M&A専従者1～2人の登録支援機関が１４４９件（50・0％）となっています。さらに10人未満の支援機関が全体の95・5％を占めており、多岐にわたり煩雑なM&Aの実務で十分な人員が確保できているとは言い難い状況です。登録支援機関では、事業法人の一部門や士業者などの副業としてM&A業務を担っているケースも多く、これが売り手と買い手の期待どおりのマッチングが成立し

M＆A登録支援機関制度 実績報告

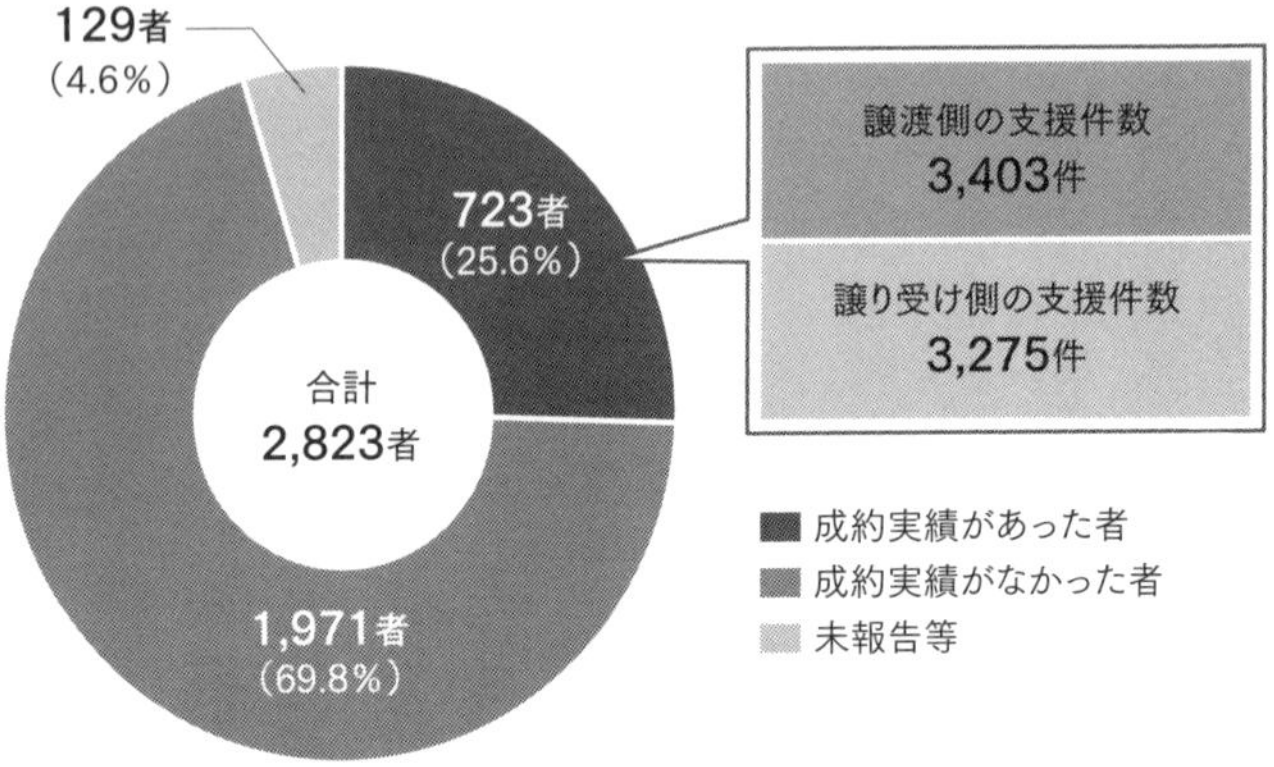

出典：中小企業庁「M＆A支援機関登録制度 実績報告等について」より作成

にくい原因の一つと考えられます。

大手M＆A仲介会社を見るとM＆A専従者を100人以上抱える支援機関は、わずか6社に過ぎません。M＆A仲介業者は増えましたが、そのほとんどが1人で仲介を行っており、組織立ってM＆A事業に取り組めると考えられる支援機関は全体の5％もないというのがM＆A事業者の現状なのです。

滞留案件増加が中堅・中小企業M＆Aブティックを苦しめる

M＆A仲介業者にとって売り手と買い手のマッチングは事業の根幹であり、成立しなければ売上はゼロになってしまいます。したがって最も避けなくてはならないのが、滞留案件の増加です。

長期間マッチングが実現できなかったり、成約に至らなかったりする滞留案件が増えていけば、コストだけがかさみM＆A仲介業者の経営を圧迫します。それは、経営的な体力の弱い中堅・中小企業M＆Aブティックに大きな悪影響を与える要因となります。「M＆Aブティック」とは、買い手開拓の専門部門をもたず、ほとんどの業務が社内で分業されていない中堅・中小企業M＆A仲介会社のことです。

M＆Aコンサルタントは、常に多くの案件を抱えています。そのため成約の可能性が高い案件を優先し、可能性が低い案件は後回しになります。多くのM＆A仲介会社では成約数の目標や成約ごとのインセンティブ報酬も設けているため、なおさら成約しやすい案件が優先されます。仲介会社で働くM＆Aコンサルタントにとっても滞留案件を複数抱え続けることは、精神的にも非常に大きな負担となります。そのため滞留している成約難易度の高い案件は、ますます滞留していきます。

非専任契約も小規模事業者と中堅・中小企業M&Aブティックの枷《かせ》となる

M&A仲介業では不動産の宅地建物取引業法のような業法がないため、契約に既定の類型があるわけではありません。以前は個別の契約では専属専任契約を結ぶことが一般的でした。この契約は1社と仲介契約を結んでいる間は、売り手は他の仲介会社から紹介された買い手とM&A契約を進めることはできず、自社で買い手を見つけてくることもできないというものです。

一方、非専任契約であれば売り手は何社ものM&A仲介会社と契約を結び、買い手探しを競わせることができます。売り手企業が3社の仲介会社と非専任の仲介契約を結んでいるとすれば、競争は激化します。

大手M&A仲介会社は豊富な実績を示して、「うちだけに任せる専属専任契約にしてください」と言えば説得力があります。しかし、実績の少ない小規模な支援機関や新興のM&A仲介会社はそうはいきません。売り手から非専任契約でいきたいといわれれば受け入れざるを得ません。

買い手探しを単独では実施できず、何社かのM＆A仲介会社とともに複数社で実施する非専任契約には大きなリスクが伴います。一つは情報漏洩のリスクです。複数の仲介会社が一つの案件を複数社に提案することになるため、自ずと情報漏洩のリスクが高まります。自社が注意していても他社の不注意で情報が漏洩してしまうことがあれば、売り主の信用を失い依頼をキャンセルされることもあります。

また、苦労して興味を示してくれる買い手候補を見つけ大詰めまで交渉を進めても、買い手の判断一つで結果的に見送りになってしまったり、競合他社が連れてきた買い手候補との契約になってしまったりする可能性もあります。完全成功報酬型の場合、そうなれば報酬が1円も発生せず、それまで要した時間とコストが無駄になってしまいます。

仲介契約が取れたとしても結局クロージングまでもっていける確率が低ければ、契約数を増やしたことで業務が多忙になっただけという結果に陥りがちです。こういった状況が、さらに小規模事業者や中堅・中小企業M＆Aブティックの経営を圧迫してしまいます。

支援機関にとって中堅・中小企業M&Aの難易度はさまざま

こういった仲介会社側の事情に加えて、売り手企業それぞれの事情や考え方など不確定な要素もあってマッチングが困難な場合も多いです。

M&Aの売り手企業には、さまざまな観点から成約が比較的容易な案件と比較的難しい案件とがあります。AIや環境技術など注目を集めやすく将来性も高いと思われる事業領域で独自の技術やビジネスモデルをもっている会社は、引き合いが多くなります。また毎年業績が伸びており財務状況も健全な企業も、成約は比較的容易です。

一方、事業内容や業績・財務が特別優れていなくても、売り手の経営者が事業承継に対して明確な目的意識とスケジュール感をもっている場合があります。こうしたケースではM&Aを実現するために、売り手の経営者は条件面などで比較的柔軟な対応を取ることも多く、成約しやすくなります。

反対にマッチングや成約が難しい企業には、次のような特徴があります。

①業績や財務の状況が極端に悪いか、事業内容になんらかの問題が存在している
②業界の将来性が暗いと見込まれている
③あいまいな売りニーズ
④売り手側の条件面での希望が高く妥協しない

コロナ禍以降、目立って増加していると感じられるのが③の「あいまいな売りニーズ」の企業です。

中堅・中小企業経営者にとってM&Aという選択肢そのものがマイナーであり、特別なものであった時代には、M&Aを行うのは「後継者がいない」「健康上の理由ですぐにリタイアしたい」「別事業を始める資金を確保したい」などの明確な理由があることが普通でした。

ところが最近は、もし高く売れるのであれば検討したい、といった経営者のあいまいなニーズだけでM&A仲介会社に依頼をするケースが増えているのです。例えば、株式を売却することで利益を得ようとする場合がそれにあたります。また事業承継や経営再建、技術の継承といった目的はありながらも、期限を設けず好条件であればM&Aも考えよう、

といった切迫感のない経営者も見受けられます。このように売りニーズがあいまいであれば、仮に案件化したとしても成約しにくく滞留案件となる可能性が高いのです。

このような売り手経営者は、実際にM&Aの話がきても条件面で妥協することはありません。

生き残るための至上命題は「買い手探し」

中小規模から中堅規模のM&A支援機関は競争の激化、滞留案件、非専任契約といったさまざまな要因によって経営が圧迫されています。24ページに示した図のように、現在3000社前後のM&A事業者が登場したにもかかわらず、2021年4月1日~2022年3月31日の期間において、たった1件だけでも成約できたM&A事業者は、723社(全体の約25%)しかいなかったという結果が、今のM&Aを手掛ける大多数の事業者の現状を如実に表しています。

この現状が続けばM&A市場に沈滞ムードが流れ、優秀な人材がこのM&A業界から去ってしまうのではないかと思います。M＆A仲介業務を担うM＆Aコンサルタントには、マクロ経済や金融動向から各業界の構造、事業戦略策定、会計、財務、法務、労務など全方面にわたるビジネス知識やスキルが求められます。ハードな業務をこなせる優秀なM＆Aコンサルタントが業界から去ったり、新規の参加者が減ったりすれば、ここまで拡大してきたM＆A市場の成長が鈍化してしまうのではないかと懸念しています。

経営基盤の安定している大手M＆A仲介会社は当面は安泰だと思いますが、中小規模から中堅規模のM＆A支援機関には、厳しい状況が訪れると思います。

M＆A仲介業で、売り手と買い手のマッチングは事業の根幹です。M＆A仲介事業を手掛ける業者の数は、事業承継の困難を背景に増加していますが、仲介会社にとっての最大の課題となるのが買い手の開拓とそれに伴う成約率の向上です。

中堅・中小企業M＆A仲介業が拡大するなか、小規模事業者にとってはM＆A業務の効率化、特に多くのM＆A仲介会社が悩んでいる「買い手探し」の業務効率化が強く求められるようになってきているのです。

第2章

売り手は見つかるが、買い手がなかなか見つからない……
中堅・中小企業のM&Aを担う仲介会社の悩み

シビアな目をもつ買い手へのアプローチ

買い手企業の多くはM&A担当者を置いています。その場合、担当者はほかの仕事と兼務しながらM&Aを検討しているので、M&Aの案件の検討に掛けられる手間や時間は限られてきます。経営者自らが自分の所有する会社の売却を考えている売り手とはまったく立ち位置が違うのです。

したがって買い手企業の担当者はすべてのM&A仲介会社と密に付き合い、もち込まれる譲渡候補案件をすべて子細に検討することは到底できません。成約の可能性が低いと思われる売り手候補をもち込むM&Aコンサルタントに対しては、冷淡な対応をせざるを得なくなります。特にそれまでに付き合いのない新規のM&A仲介会社であれば、相手にされないこともあります。

買うのはあくまで経営的な合理性があり、その譲り受けによって将来自社にとって確実な利益がもたらされると見込まれる場合だけです。買い手企業の担当者はM&Aが失敗すればその担当者の責任問題に発展しかねませんし、上場企業であれば株価にも大きく影響し、経営陣は株主から厳しい責任追及も受けます。

一方、売り手の目的が明確な事業承継の場合、ある程度の期間内に売れなければ困ります。そのため、相手についても多少の妥協をすることも珍しくありません。

数多くの案件がもち込まれる買い手企業に対して、あいまいな目的のまま買い手にアプローチすることは困難です。特に「M＆Aブティック」のような中堅・中小企業M＆A仲介会社では、どこも買い手へのアプローチや交渉には非常に苦労をしています。

中堅・中小企業M＆Aブティックのコンサルタントの業務はどれだけ大変なのか、また大手M＆A仲介会社と中堅・中小企業M＆Aブティックの業務にはどれだけの違いがあるのか、確認しておくことが重要です。このM＆Aプロセスは、M＆Aコンサルタントが普段担っている業務であるため、その大変さはあまり意識されていません。

そこで、このプロセスがいかに複雑で煩わしいものかを、この章では客観的な視点から改めて認識していきます。

大手M&A仲介会社より多忙なM&Aブティックのコンサルタント業務

M&Aブティックでは、基本的に業務内容による社内での分業はありません。そのため、M&Aコンサルタントは一つの案件でも非常に多岐にわたる業務をこなし、さらにそういった案件を並行して進めています。

●アプローチリスト作成

日本には368万もの企業があるといわれています。まずは企業調査会社などが販売している企業データベースなどから、アプローチ対象企業を絞り込んでいきます。

例えば、事業承継ニーズのある売り手を探す場合は、創業から一定以上の年数が経っている企業や、経営者が一定の年齢以上の企業を抽出していきます。さらに、近年の活動実績がない休眠会社や上場企業の子会社など、アプローチしても無駄な企業は省くといったことも必要です。そのほかに業務分野や規模の程度、地域などの要素を加味し、スクリーニングして、アプローチリストを作成します。

大手M＆A仲介会社の場合、スクリーニング後のアプローチリストを会社が用意してくれることもあります。しかし、中堅・中小企業M＆Aブティックでは、M＆Aコンサルタントが自分で作成しなければなりません。

●営業とアプローチ

リストができたら営業活動をします。よくあるのはDMとテレアポで、M＆Aブティックではコンサルタントが自ら担いますが、時間を取られる作業です。

経験上、DMの営業活動による反響率は0・1～0・2％程度です。つまり500～1000件のDMを送り、1件のアポイントが取れるといったところです。ところが近年、その反響率が下がる傾向にあります。

M＆A仲介会社が増えてDMやテレアポが来る頻度が増えたので、またM＆A仲介会社かといったような最初から経営者に冷淡な対応をされてしまうのです。

ほかには、地域金融機関、会計事務所などの士業者、既存の顧客などからの紹介は有力な営業ルートになり得ます。しかし実績の少ないM&Aブティックでは、なかなか紹介も受けられません。

●アポイント後の初回面談

経営者との面談は「準備が9割」です。相手企業や経営者、株主構成など、調べられる限り調べるのは当然です。その企業が属する業界や近接業界の現状やトレンド、技術動向、将来の市場展望に同業者の大きな動きなどを調べます。また、店舗販売などの販売小売業であれば、その地域特有の経済動向なども含まれます。

しかし、それよりも経営者に響くのは、具体的でリアルな情報、地域における最近のM&A事例などです。「御社の同業他社の◯◯社は、その会社の属するこんな会社をM&Aしましたよね」「◯◯チェーンは、隣県で××チェーンを買収して、一気に5店舗も増やしています」といったものです。それが、そのM&Aコンサルタントあるいは、M&A仲介会社自身で仲介した事例であればベストです。

しかし大手M&A仲介会社であれば、自社の実績として出せる事例はたくさんありますが、中堅・中小企業M＆Aブティックでは、その業界やそのエリア、類似企業などでの仲介実績を示せません。

そのため、中堅・中小企業M＆Aブティックのコンサルタントは、大手M＆A仲介会社以上に、面談の際は相手に役立ちそうな情報をいくつも用意しておかなければなりません。

契約が取れるかどうかには、企業価値算定（株価算定）の水準が影響を与えることもあり、いくらで会社が売れるのかを最大の関心事にする売り手経営者は少なくありません。正式な企業価値算定は公認会計士が担うことになっていますが、M＆Aコンサルタントも簡易的な算定をし、売り手経営者との面談に臨んでいます。

また、M＆Aに際しての課税上の論点も多くの経営者が気にするところです。M＆Aコンサルタントは、これらに的確に答えられるよう、日頃からコーポレートファイナンス、企業会計、税務などについての勉強が欠かせません。

●アドバイザリー契約締結

3～5回の面談を経て売り手経営者の気持ちが固まれば、アドバイザリー契約（仲介契約）が締結されます。

しかし、M＆Aは売り手経営者にとって非常に重要な決断なので、悩んだり気持ちが揺らいだりすることもよくあります。そこで経営者との関係性をしっかり構築し、気持ちの進展度に応じて適宜M＆Aプロセスを進められる状態にしておくことが必要です。これは「グリップする」といわれます。

初回の面談から仲介契約の締結に至るまで、1年以上掛かることも珍しくありません。そういう企業を数社～十数社も同時に抱えながら、しっかり関係性を維持しておき、相手にとってベストなタイミングで契約を結ぶグリップ力がM＆Aコンサルタントには求められるのです。

●売り手の基礎資料作成

アドバイザリー契約を締結すると、いよいよ佳境に入ります。

まず、ノンネームシート、企業価値算定のための企業評価書、企業概要書（ＩＭ：インフォメーション・メモランダム）など、買い手候補に提示するための各種資料を作成しなければなりません。しかし資料作成のために売り手から提供してもらう基礎資料を集めることは非常に手間がかかります。

多くの場合、売り手の経営者は社内にも秘密でM＆Aを進めるため、必要な資料は経営者自身でそろえて提供してもらわなければならず、なかなか進まないことがあります。たった一つの資料を提出してもらうのも、経営者の負担を考えて気配りしながら、催促するという気苦労があります。しかも送ってもらった資料が間違っていることや、電子化されていない紙の資料が大量に送られてくることもあります。

そうして何十種類もの必要な基礎資料がそろったらすべて読み解いて、業績、財務の平均や推移、資本（株主）構成、従業員一覧表、従業員の年齢や役職などを踏まえた社内組織図、平均給与や平均勤続年数、仕入れ先、販売先やその取引品目、構成割合、取引年

M＆Aコンサルタントの業務フロー

アプローチリスト作成

- 一般的な企業データベースを用いてリスト化
- 創業年数、経営者の年齢、上場企業子会社除外などで抽出
- 業務分野、規模感、地域なども加味する

営業活動とアプローチ

- M＆Aコンサルタント自身で手紙と封筒を用意してDMを発送
- 一日100件程度のテレアポ

アポイント後の初回面談

- PEST分析で事業環境の把握
- 同業界、隣接業界、同地域の最近のM＆A事例収集
- 訪問面談、オンライン面談の実施

アドバイザリー契約締結

- 通常、3～5回の面談を経て締結
- 初回面談から1年以上掛かることも多い
- 然るべきタイミングで契約できる「グリップ力」を意識

売り手の基礎資料（企業概要書）の作成

- 何十種類に及ぶ基礎資料収集
- 業績、財務平均および推移、資本構成などをデータ化
- 買い手企業の候補に提示

数、金融機関、融資の内容、返済予定といった、すべての情報をデータ化します。

そのうえで、概要をまとめたノンネームシートや詳細な企業概要書を作成します。資料の整理、データ化、企業評価書などの作成も、大手仲介会社なら専門の担当者に任せることができる場合がありますが、中堅・中小企業M＆Aブティックでは M＆Aコンサルタントがすべて自分で作成しなければなりません。これも相当に労力のかかるプロセスです。

買い手のソーシングには正解もゴールもない

中堅・中小企業M＆Aブティックの M＆Aコンサルタントが買い手を探すのは、さらに骨が折れる仕事であり、業務プロセス全体では最難関の部分だといえます。

買い手探しの第一歩はアプローチリストの作成です。

企業の業務内容や商流、業界の動向、財務内容、あるいはM＆A仲介会社やM＆Aコンサルタントが過去に接触して得ているM＆Aニーズなどを分析します。さらにまた過去の

M&A実績などから、売り手に興味をもちそうな企業や、M&Aによって両者にメリットがありそうな企業を想像して、一般的には数十〜二百社程度の買い手候補をリストアップします。

大手M&A仲介会社では、このリストアップをAIを用いて省力化しているところもあります。しかし、中堅・中小企業M&Aブティックでは、M&Aコンサルタントが「この会社はこのエリアでの展開が弱いから、この売り手を買えば足がかりになるはずだ」であったり「この会社は最近○○事業分野に進出したが、営業に苦戦しているので、□□分野での営業に強い売り手に興味をもつだろう」といった、ある程度確かな根拠に基づいたM&Aストーリーを一社一社考えながら作成するのです。

M&Aブティックの M&Aコンサルタントが必ず通る "NDA地獄"

アプローチリストから、売り手と打ち合わせをしながらある程度数を絞り込んだら、いよいよその買い手候補にアプローチします。最初の打診では、売り手が特定される情報は伏せたノンネームシートで行い、興味をもった買い手候補に対しては、NDA（秘密保持契約）を結んだうえで、企業価値評価書や企業概要書などの資料を送付して本格的に検討してもらいます。

NDAについては、双方が知り得た情報のうち、秘密情報の範囲や期間を定めます。一般的なNDAのひな形をドラフトとして提示しますが、買い手が上場企業などの場合には、法務部門で一言一句チェックされます。そして、そのチェックだけで1週間ほど掛かり、細かな文言修正が入ることもあります。次にM&A仲介会社が自社の法務部門あるいは、顧問弁護士などに確認を取り、修正したNDA契約書を再度提示するというやり取りとなります。

企業概要書をリクエストする買い手企業が仮に20社あったとしたら、20社ともそのやり取りが発生します。

また大手M&A仲介会社であれば法務部門の担当者が行うこともありますが、中堅・中小企業M&A仲介会社ではM&Aコンサルタントがすべて管理します。

NDAは、1つの会社について包括的なNDAを1回結べばよいというものが一般的ですが、案件や扱う情報の種類に応じてその都度締結する必要がある場合もあります。

M&Aにおける秘密保持は絶対におろそかにはできないものですが、中堅・中小企業M&AブティックのM&Aコンサルタントにとっては「NDA地獄」と呼びたくなるような状況が続いていきます。


NDAを結んだあと、各社とアポイントを取り企業概要書を提示しながら説明して、買い手にM&Aを進めたいという意向があれば、手数料やその他の条件などの交渉を個別に詰めていき、買い手企業との仲介契約を締結します。

この段階で、譲り受けの意向を示す買い手候補が現れなければ、もう1回アプローチリストの作成からやり直す必要があります。

買い手探しには、明確な正解もゴールもありません。たとえM&Aコンサルタント自身がどんなに最適な買い手だと思っても、買い手企業が断ればそれ以上何もできることはないのです。

成否を分けるトップ面談

買い手との仲介契約を締結したあとは、詳細資料の提示や質疑応答などを経て、トップ面談を準備します。

トップ面談は売り手と買い手企業の経営者が実際に会うわけですから日程や場所、移動手段などの調整があります。当然M＆Aコンサルタントがセッティングします。売り手企業の経営者はほとんどが初めてのトップ面談になるので、どのような心構えで臨み、どのような話をすればいいのかといった、面談内容まで踏み込んだアドバイスもしていきます。

一方、買い手企業に対しても、初めてのM＆Aであれば同様です。M＆Aの経験があり、慣れている買い手企業であっても、出会う売り手経営者は毎回異なります。やはりトップ面談を成功裏に終わらせるためにどうすべきかあらかじめ説明しておかなければなりません。どういった姿勢で臨んでもらうか、売り手経営者は買い手に何を求めているのか、どういった人柄か、NGの話題は何か、どこまで話が進めば今日は成功といえるのかなど、細かくアドバイスをする必要があります。

トップ面談に臨む買い手企業でたまにあるのが、お金を出す買い手側の態度が上から目線になってしまうことです。売り手は、一般的には非常にナーバスになっているので、些細なしこりが生じても簡単にディール・ブレイクにつながることがあります。それを防ぐために、M&Aコンサルタントは買い手企業をうまくコントロールすることも必要です。売り手企業と買い手企業とでは、目的も、担当者の役割なども異なるため、M&Aコンサルタントの対応も相手に応じた気配りの質が求められます。大手M&A仲介会社のように、売り手と買い手が分業されていなければ、同じM&Aコンサルタントがその両面にうまく対応するのは、骨が折れる部分です。

トップ面談が無事に終われば、基本的な条件のすり合わせをしていきます。このすり合わせの段階で、のちのデュー・デリジェンス（企業精査）での大きなトラブルが生じないように、事前に予防することも、M&Aコンサルタントの大切な役割です。資料などから問題になりそうな部分を洗い出して確認していきますが、このとき売り手の経営者自身も気づいていない問題が明らかになるケースもあります。

そういう部分があれば、条件面に反映させることで納得させられないかを、売り手、買い手との間で交渉します。

M&Aブティックのコンサルタントはデュー・デリジェンスの交通整理役

基本合意となると、買い手側から依頼を受けた公認会計士、税理士、弁護士、専門コンサルタントなどがデュー・デリジェンスを担当します。買い手の立場から売り手を精査するものなので、中立の立場であるべきM＆Aコンサルタントが、デュー・デリジェンスを行うことはできませんが、情報整理や調整業務は行うため仕事は激増します。

買い手企業の士業者やコンサルタントといった複数のデュー・デリジェンス担当者から、五月雨式に膨大な資料の提示を求められます。あるいは、売り手企業の役員へのヒアリングや工場の視察などを求められることもありますので、その調整も必要です。

売り手企業の経営者からすれば、重箱の隅をつつくようなあら探しをされているように感じられて、不快感を抱く場合も少なくありません。そのため、M＆Aコンサルタントが両者の間に立ちながら、要求される膨大な資料やヒアリング設定などについて、整理して優先順位をつけ、時には自分で資料をまとめ直したりしながら、売り手企業の経営者に負担が掛からないように、交通整理をしなければなりません。

また、複数の士業者のデュー・デリジェンスのスケジュールなども、M&Aコンサルタントがハンドリングしなければなりません。

特に中堅・中小企業の場合は、売り手企業になんらかの問題が発見されないことはまずありません。この点は定期的に監査を受け、内部統制をチェックされている上場企業と、非上場の中堅・中小企業とではまったく状況が異なるため、問題が発見されることは予定されていたかのようなものです。

大切なのは発見された問題にどのように対処するのかということです。

経験上、デュー・デリジェンスで発見された問題を交渉では埋め切れず、その時点でディール・ブレイクとなってしまう案件は2~3割ほどあります。

また、基本合意契約で合意された譲渡価格を下げることで、問題を穴埋めしてディールを進める案件が4割ほどあり、残りの3割は、問題はあったけれども時間を空けて解決するか、最終契約書のなかで調整する、もしくは重要視されずそのままの条件で進めるというケースです。

ここでどのような対応になるのかも、M＆Aコンサルタントの交渉力の手腕と、努力によるところが大きいのです。

最後まで事務仕事に煩わされるM＆Aコンサルタント

なんとかデュー・デリジェンスを乗り切ったら、これまでに出てきた交渉上の論点をすべて反映させた最終契約書（株式譲渡契約書など）を作成します。これが最後の山場です。

特に問題となるのが表明保証の範囲や、表明保証に対する補償の範囲で、細かい文言の一言一句に至るまで調整が行われます。

契約書の作成は、弁護士が行いますが、そのやり取りのすべてをいちいち売り手企業の経営者に確認することなど到底できません。論点となっている部分の情報をM＆Aコンサルタントがまとめて整理して伝えます。さらにその内容を確認してもらったり、場合によっては弁護士と交渉して文言を調整してもらったりする必要があります。

契約書の内容が固まったら、株式譲渡承認請求書や株主総会の議事録を作成したり、株主の名義書き換えをしたりなどの事務的な手続きが待っています。

大手M&A仲介会社では専門の書類作成部署がありますが、中堅・中小企業M&Aブティックでは、コンサルタント自身が手続きをすることが大半です。

事務的な手続きがすべて終了してから、場合によっては成約式をして、譲渡代金が決済されて、ようやくM&Aは成約となります。

困難が多い中堅・中小企業M&Aブティックの M&Aコンサルタント業務と経営

このようにM&Aコンサルタントの業務は非常に多岐にわたり大変なものです。大手M&A仲介会社の場合、バックオフィス部門の人員が多くいるため、分業体制が取られていれば自分の担当する業務だけに集中し、効率的にディールを進められます。

例えば、大手の場合はアプローチ段階がシステム化されていたり、企業概要書や各種契約書など、各種資料や書類の作成をサポートしてくれる担当者がいたりすることがあります。あるいは、会社内に社員として弁護士や公認会計士がいて、契約書のドラフトなどをすぐに出してもらえるなど、相談ができる体制になっています。

一方、中堅・中小企業M＆Aブティックでは、ほとんどすべてをM＆Aコンサルタント自身がやらなければなりません。

同じ案件数を担当すると仮定すれば、分業制が取られていない中堅・中小企業M＆A仲介会社でのM＆Aコンサルタント業務のほうが当然多忙になります。

しかしM＆Aコンサルタントがどれだけ忙しく働いても、最終的にM＆A契約が締結されなければ、顧客からの成功報酬はM＆A仲介会社に入ってきません。M＆A仲介会社からすると、交渉がブレイクとなっても、その期間の給与はM＆Aコンサルタントに支払っていますし、そのほかの経費ももちろん掛かっています。ただでさえ、M＆Aプロセスは長い期間と多くの工数を要するのに、それがディール・ブレイクで終わると、M＆A仲介会社にとっては大きな痛手となります。

M&Aブティックの経営的な視点からいえば、業務を効率化して費用を削減するか、あるいは成約率を高めるか、そのどちらかあるいは両方を追求していかなければ、競争激化のなかで生き残ることが困難になってきているのです。

M&Aコンサルタントの心が壊れてしまうという最悪のケースも

一つの案件をまとめるまでは最初のアプローチから短くても半年、長ければ2~3年、あるいはそれ以上の時間がかかります。しかしその間、一瞬たりとも気が抜けない時間をM&Aコンサルタントは過ごしています。にもかかわらずそういう案件を5件も6件も同時に進行させています。

何カ月、何年にも及ぶ交渉を経て、ようやく成約したときだけが、M&Aコンサルタントが心の底から安心できる唯一の瞬間です。そのためほかの仕事では滅多に味わうことができない至福の感覚に包まれるものです。

私自身、その瞬間があるからそれまでどんなに苦しくてもM&Aコンサルタントを続けていられるのだとも感じてきました。

しかし、そこに至るまでの過程はハードで、時に個人で対応できる限界を超えることもあります。そのためにM＆A仲介業界から去ったり、心身に不調をきたしてしまったりする人もいます。

事業承継を中心とした中堅・中小企業のM＆Aは今後の日本経済を支えるうえで重要です。私はM＆Aという選択肢を選ぶ中堅・中小企業が増えればよいと思っています。そのためには、中堅・中小企業M＆AをサポートするM＆A仲介やFAという業態も発展してほしいと願っています。

第3章

M&Aをサポートするのは仲介会社だけではない

中堅・中小企業のM&AにおけるFAの可能性

M&Aにおける FAの役割

FAは広義では、企業の財務（ファイナンス）に対し助言をする者を指します。M&Aの場面に限った狭義でいえば、売り手企業または買い手企業のどちらかと契約して、M&Aについての助言（アドバイザリー・サービス）や実務のサポートを業務としている者を指します。またビジネスモデルで見ると、仲介とFAには次のような違いがあります。

・仲介：売り手と買い手の双方と契約を結び、成約した際（成功報酬の場合）には双方から報酬を受け取る
・FA：売り手、または買い手のどちらか一方と契約を結び、成約した際（成功報酬の場合）の報酬も、その契約した売り手または買い手からしか受け取らない

業務の内容としても仲介は、売り手と買い手双方の話を聞きながら、両者が納得する合意点を探ることがポイントとなります。もちろん、どちらかに偏った助言はできませんし、当然デュー・デリジェンス（48ページ）などを引き受けることも不可能です。

一方、ＦＡは、契約を結んだ当事者（売り手または買い手）の利益を最大化させるために助言をします。

ＦＡが担うアドバイザリー・サービスの基本は、Ｍ＆Ａのプロセスにおける実務全般や契約内容についての助言、契約した企業の価値評価、事業評価、税務対策などで、これらは、仲介会社のＭ＆Ａコンサルタントとほぼ同じです。しかし、すべてにおいて契約した当事者にとって有利か不利かという観点から助言するという点で立ち位置が異なります。そのため仲介のＭ＆Ａコンサルタントではできない、デュー・デリジェンスを請け負うこともあります。

直接的なＭ＆Ａディールの実務範囲の周辺業務として、Ｍ＆Ａ前の市場分析や事業環境分析、事業戦略の検討、また、Ｍ＆Ａ後のＰＭＩ（Post Merger Integration：合併後の統合）戦略の策定や組織・人事制度設計など、経営コンサルティング的な領域にまで広く助言をするＦＡも存在します。

大手企業Ｍ＆ＡのＦＡ業務を請け負うのは、専業ＦＡのほか、投資銀行や証券会社、会計事務所、コンサルティングファームなどがあり、事業戦略や組織戦略的なアドバイスをＭ＆Ａ助言とセットで行う場合もあります。

さらにFAはM&Aの資金調達のアレンジメントを行うこともあります。大企業同士のM&Aにおいては、譲渡価格は1000億円以上から1兆円を超えることもあるため、財務戦略の一環としての買い手の資金アレンジメントもかなり重要な部分を担っています。

中堅・中小企業M&Aにおいても増加しているFA

M&A業界では中堅・中小企業M&Aのサポートは仲介、大企業同士の大型のM&AのサポートはFAが担うのが一般的です。しかし私は、この棲み分けは必ずしもベストなものではなく、より良い形があるはずだと考えています。

M&A支援機関登録制度では、あらかじめ用意されている業種区分のなかから自社がどれに該当するのかを自己申告で選択してから登録を行います。「M&A専門業者」という業種区分の下位には、さらに「仲介」と「FA」の区分があり、2023年7月24日現在の登録件数は、図のようにM&A専門業者のうち37・9%がFAとなっています。

Ｍ＆Ａ支援機関登録制度におけるＭ＆Ａ専門業者の業種区分

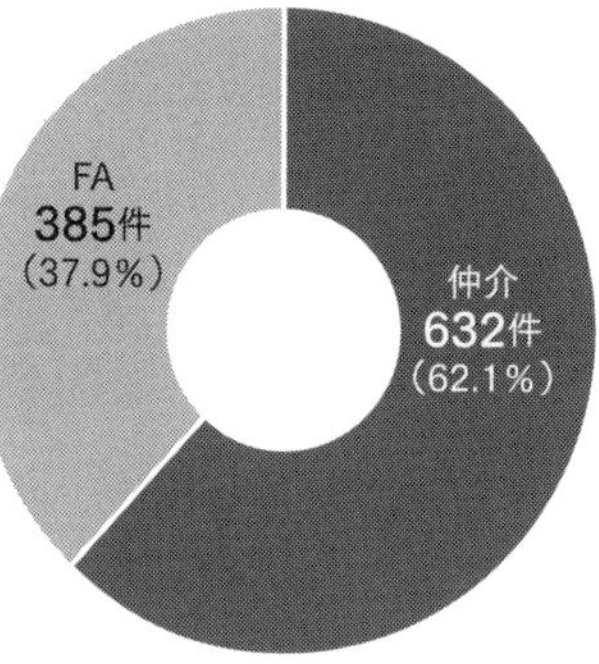

出典：中小企業庁「別紙２　現在の登録状況について」（2023年7月24日現在）より作成

一方、中小企業庁の「Ｍ＆Ａ支援機関登録制度実績報告等について」によると、２０２１年度に登録支援機関が成約を実現させた中堅・中小企業Ｍ＆Ａの件数は、次ページの図のようになっています。

Ｍ＆Ａ専門業者のうち登録上は４割近くがＦＡですが、８割の中堅・中小企業Ｍ＆Ａは仲介によって成約しており、登録比率に比べＦＡの成約数が少ない状況です。

この状況から見ても、日本の中堅・中小企業Ｍ＆Ａの大半が、Ｍ＆Ａ仲介会社にサポートされて実現しているのが事実と考えられます。

その一方で、Ｍ＆Ａ専門業者のうち、４割がＦＡという数字は驚くほど多く、おそらくＭ＆Ａ仲介業界で長く働いている人であれば、私と同じ感想

M＆A件数（FA／仲介の別）

（件）

	FA合計	単独FA	共同FA	仲介合計	単独仲介	共同仲介	合計
譲渡側	763	677	86	2,640	2,492	148	3,403
譲受側	638	590	48	2,637	2,493	144	3,275
合　計	1,401	1,267	134	5,277	4,985	292	6,678

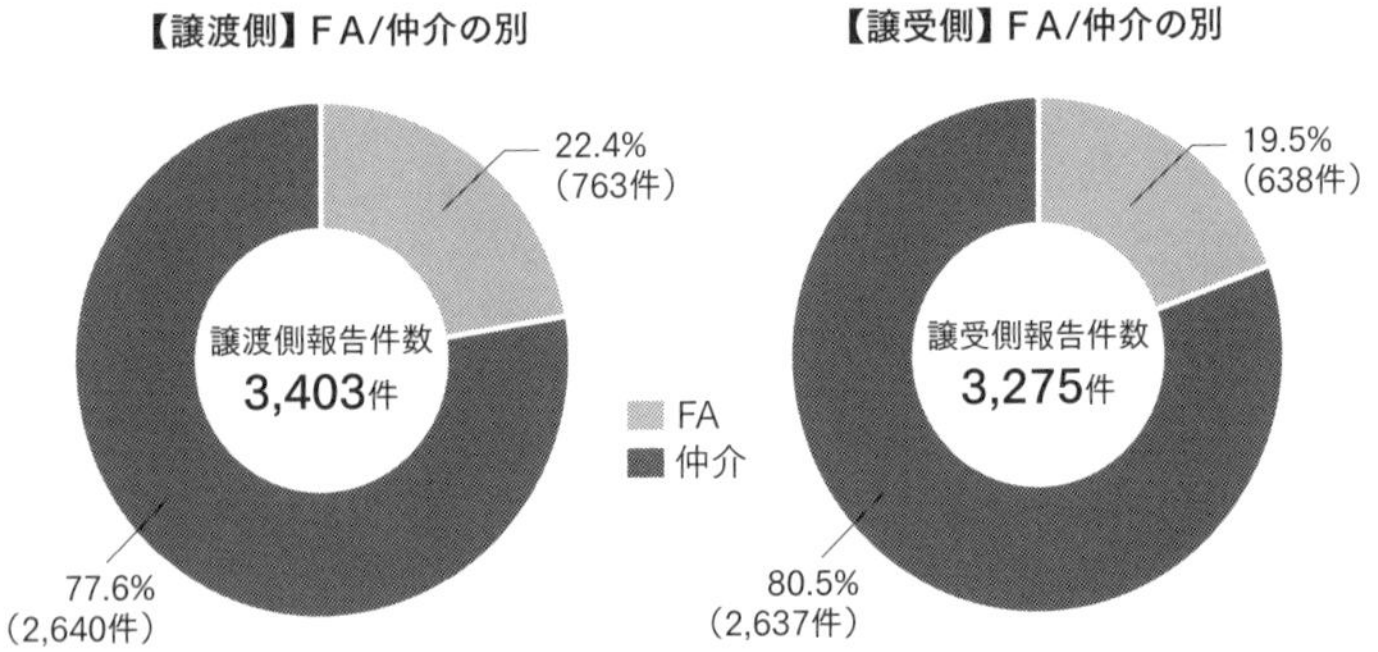

出典：中小企業庁「M＆A支援機関登録制度 実績報告等について」より作成

をもっと思います。

近年FAが4割に増えた背景には、新興のM&A支援機関を中心とした、中堅・中小企業のM&Aブティックの急増があります。

①大手仲介会社が弱い領域を狙っている

中堅・中小企業M&Aブティックは、上場企業を中心とした大手仲介会社とは事情が異なります。M&A市場全体が伸長しているなかで、中堅・中小企業M&Aブティックでも大手仲介会社と同様の手法で案件を獲得してビジネスを展開させることは、さほど難しいことではありません。

しかし大手仲介会社と同じフィールド、同じやり方で正面からぶつかっていっては、知名度、マンパワー、資金力などで勝る大手仲介会社に勝つことは極めて困難です。

経営資源の乏しい中小事業者が既存の大手事業者と同じ市場で戦うには、大手とは正面からぶつかるのではなく、大手が弱い領域を狙ったり、料金体系で差別化したりすることが必要です。

そのため、中堅・中小企業M＆A市場において、大手仲介会社が手を出しにくく圧倒的な強者が存在していないFA領域に特化して、独自の地歩を固めようと考える新興、中堅・中小企業M＆Aブティックが増えているのは、自然な流れです。

②差別化された価値を訴求できる

FA業務に特化していれば、顧客となる売り手または買い手に対して、仲介会社とは差別化された価値を訴求できます。

M＆A件数（M＆A支援機関の種類別）

（件）

	M＆A専門事業者			金融機関	士業				その他		合計
	仲介	FA	M&APF		弁護士	税理士	公認会計士	中小企業診断士	経営コンサル	その他	
譲渡側	2,046	338	26	643	8	106	41	4	30	161	3,403
譲受側	2,063	268	24	567	2	102	43	3	30	173	3,275
合計	4,109	606	50	1,210	10	208	84	7	60	334	6,678

※M＆APF…M＆Aプラットフォーマー

出典：中小企業庁「M＆A支援機関登録制度 実績報告等について」より作成

「仲介は中立の立場でなければならないので、売り手（買い手）の社長の立場だけを考えるわけにはいきません。しかし私たちは、完全に売り手（買い手）社長の立場に立ち実現に向けて最大限サポートします」というのは、経営者から見たときの分かりやすい差別化のポイントになります。

③買い手探しのノウハウがない

M&A業界に参入する以前のネットワークを駆使して収益を上げるために、子会社を創設して支援機関として登録し、新規参入する事業者が増えています。

例えば、人材業界や不動産業界、あるいは会計事務所などからの参入です。そういった他業界から参入してきた事業者は、これまでの事業での付き合いから得たいくつかの具体的な売り手や、売り手になる見込みがある案件を把握しています。扱える案件の見込みがまったくない状態で、新規業界に参入することはあり得ません。

しかし売り案件は把握していても、明確なニーズがあらかじめ存在するわけではない買い手を、ソーシングしたりマッチングさせたりする、M&A仲介の肝ともいえる部分のノウハウはもち合わせていません。

不動産業界からM&A業界に参入した人のなかには、M&Aにおいても不動産物件と同様に、売り案件があってその情報を流しさえすれば、買い手を見つけることは容易だと考えているような人も少なくありません。しかし、M&Aにおけるマッチングは不動産とは大きく異なり、日々売り案件の状況も変わるため、情報を流すやり方だけではうまくはいきません。

ほかにも一定数の売り案件はもっているものの、買い手を探してマッチングさせる仲介のノウハウをもたないため、仲介専業で事業をすることは難しいと考える事業者も多いです。そういった事業者にとっては、自分たちがもっている売り手に対する助言や支援だけをするほうが実態に即しているため、FAとして登録することもあります。

既存ビジネスから派生して参入する他業種ＦＡ

中堅・中小企業Ｍ＆Ａの登録支援機関には、次のようなタイプがあります。

①以前から中堅・中小企業を対象としたＦＡ業務を担ってきたＦＡ専門会社
②以前から大企業Ｍ＆ＡのＦＡ業務を行っており、中堅・中小企業Ｍ＆Ａ市場に業務領域を拡大してきたＦＡ専門会社
③仲介会社からスピンアウトして、新たにＦＡ事業を開始したＦＡ会社
④他業種から新規参入してきたＦＡ会社

①のような会社は、少数ですが存在します。また④は、以前はあまり見られなかったタイプで、現状の中堅・中小企業Ｍ＆Ａ時代の特徴を表しているのではないかと思われます。主なものに、中堅・中小企業経営者と直接関係がもてて、かつＭ＆Ａの提案との親和性が高い事業をしてきた他業種から参入するケースです。

例えば人材派遣業が挙げられます。人材会社の担当者は、中堅・中小企業経営者から

「いい人材は、みんな大手に取られてしまって採用できない。募集を出しても応募者は少ないし、採用してもすぐに辞めてしまう」といった悩みを相談されます。運送会社などのように、ＩＴによる合理化が難しく、顧客からの発注はあっても、それを担う人材がいなければ仕事が回らない業種では、業績は良くても人手不足による倒産が危惧されるのです。

かといって、生産年齢人口はこれから先も減少していくため、人手不足問題が急に改善される見込みはありません。こういった説明をすると、利益が出ているうちに会社を売ってリタイアしようという経営者が出てくるのもうなずけます。

こうして、自分たちの取引先にも譲渡の可能性があることに気づいた人材会社は、子会社としてM&A会社をつくってM&A支援機関として登録し、相手に対して、「もし本当にM&Aを検討するなら、うちの子会社のM&A会社にお任せください」と提案して、譲渡案件に仕上げていきます。

また、会計事務所なども社長から事業承継について相談されることが多い業種です。関与先の社長から、「自分は子どもがいないし、社内にも後継者がいないので、どうしよう」と事業承継の相談を受けたとき、中堅・中小企業M&Aが一般化していなかった時代なら

M＆A仲介会社に紹介していたと思います。しかし、中堅・中小企業でもM＆Aが一般化して、その数も増えている現在では、自分の事務所においてM＆A仲介やFA業務を手掛けることで本業以外の収入源にしようと考える会計事務所が増えてきています。

大企業同士のM＆Aの特徴とFAが果たす役割

上場企業やそれに準じる大企業同士のM＆Aの場合、投資銀行、大手会計事務所、大手コンサルティングファームなどの一部門やグループのFA専門会社が中心となって担っています。

仲介会社が非上場企業の売り案件を、上場大企業に紹介することは、珍しくありませんが、それが大型案件である場合には、仲介会社であっても売りFAの立ち位置を求められることもあります。

それは、売り手側も大企業である大企業同士のM＆Aには、次のような前提があるためです。

①上場企業などの大企業では所有と経営の分離がされており、株主利益の徹底が求められる

株式会社は、その企業のオーナーシップをもつ者（株主）と、業務意思決定権限をもつ者（取締役）とが、別の主体であるのが原則的な姿です。

不特定多数の株主が自由に株式を売買できる上場企業は、その原則にかなり忠実に沿っています。取締役が株主利益に反する行為をした場合、株主総会で罷免されたり、株主代表訴訟を提起されたりして、責任を追及されることがあります。

大型のＭ＆Ａを行えば、企業の株価には大きな変動がもたらされ、結果として時価総額に変動を及ぼします。また、将来の業績にも当然影響を与えます。そのため、Ｍ＆Ａを決める取締役の意思決定については、株主利益の最大化につながるものかどうかが厳しく問われるのです。

Ｍ＆Ａ仲介が、売り手と買い手との双方代理に似ており、利益相反になる可能性も考えられるという指摘は、某大臣がブログに記して話題になったこともありました。

その後、Ｍ＆Ａ支援機関登録制度もでき、制度的にもＭ＆Ａ仲介は国（経産省・中小企

業庁）が認めるものとなっているので、問題はありません。しかし、上場企業が自社の株価に大きな影響を及ぼすような決断を下す段階においては、少なくともなぜFA契約ではなく仲介契約にしたのか、という点を株主に対して合理的に説明できることが必要です。

自社の利益を最大化することを主眼においているFAであれば、そのような問題は生じないため、大企業同士のM&Aにおいては、FAがほぼ一択という状況が続いているものと考えられます。

②深い調査や分析、厳密に理論的な企業価値算定を行う

上場企業などの大企業は株主をはじめ、従業員、金融機関、取引先、消費者などステークホルダーの数は多く、その属性も多岐にわたっています。また、提供する製品やサービスが社会で広範に受容されていたり、特定の産業において不可欠となっていたりする場合もあります。

そのような大企業同士のM&Aでは譲り受け側はもちろん、譲渡側にとっても統合後に安定して事業成長ができる見込みが得られることが、最も重要なポイントとなります。

Ｍ＆Ａの実施自体がゴールではなく、むしろ新たな成長へのスタート地点に立つものでなければならないのです。

だからこそＭ＆Ａを行う前に入念な成長可能性の分析が行われます。上場企業では、取締役は株主に対する説明責任があるため、Ｍ＆Ａの意思決定をしたエビデンスが問われます。事業環境分析や自社と相手先の分析を詳細に行ったうえで、誰に対しても明確に説明できるロジックに基づいてＭ＆Ａの意思決定をしなければなりません。

また、Ｍ＆Ａの譲渡価格の根拠となる企業価値算定についても同様です。なぜその価格で譲渡する（譲り受ける）のかということを、厳密な論理と数学的な証明をもって、株主からの疑義が出ないように説明できなければなりません。

その際、役に立つのが、モダンポートフォリオ理論やＤＣＦ（ディスカウント・キャッシュフロー）などの金融理論からなる、コーポレートファイナンス理論です。そういった調査や分析、厳密な価値算定は、大規模な調査専門部門をもつ投資銀行やコンサルティングファーム、会計事務所などが得意としており、それらの組織と関連が深いＦＡがＭ＆Ａも担当するケースが多くなります。

③大企業同士のM&Aでは相手が限られる

プライム市場（旧東証一部市場）に上場しているような大企業がM&A（譲渡）をしようとすると、マッチングの相手は非常に限られます。

投資ファンドである日本産業パートナーズが設立したTBJH株式会社がTOB（株式公開買付）形式で買収すると発表した東芝のケースでは、経営危機が発覚してから譲渡先が決まるまで何年も迷走しました。

これは経営陣の意思決定のトラブルという面もありますが、買収金額が約2兆円と非常に高額であることが理由の一つです。これだけの金額を出せる買い手となると、事業会社であれファンドであれ、自ずと限られることは当然です。

東芝の事業を譲り受けてメリットがある会社も限られます。仮に資金があったとしても、外食産業やアパレルなど、まったく無関係な会社が東芝を譲り受けることは考えられません。

上場企業が売り手となる大型M&Aでは、資金面や事業面においてマッチングの候補となるのは数社に限られます。これは非上場であっても事情は同じで、売り手の規模が大きくなればなるほど、買い手候補先は限られてくるのです。

マッチングにしても銀行団、業界団体、場合によっては行政や政府も巻き込んだ複雑な事情を勘案しながら決められていくことになります。日本においては、三菱、三井、住友などの旧財閥グループのネットワークが、昔ほどではないにしても、やはり大きな力をもっており、その影響も無視できません。

そのため、大企業同士のＭ＆ＡにおけるＦＡには、中堅・中小企業Ｍ＆Ａにおける仲介のように、広く相手を公募して探し出すという役割は求められません。基本的には狭い〝大企業サークル〟のなかでの相手探しとなるという点が大企業同士のＭ＆ＡにおけるＦＡ業務の特徴です。

④買いＦＡが行う助言や交渉支援に価値を見いだしている

大企業同士のＭ＆Ａで譲渡ニーズのある売り手にとって、買い手候補となる相手は、狭いサークル内での限られた母集団しかいないとはいえ、そのなかから検討の俎上《そじょう》に載せてくれそうな相手で、かつ、自社から見ても適切だと思える候補をピックアップする必要があります。

売りＦＡに対しては、その選定や初期的な接触の段階から依頼をするケースが一般的です。

もちろん、依頼企業の利益最大化を考えながら、かつ交渉の確実な成立を目指した交渉実務などのアドバイザリー・サービスも当然提供していきます。

買いＦＡの場合は、相手を探してきてマッチングする役割を求められることは、基本的にはありません。買い手候補からＭ＆Ａ案件の是非についての助言を依頼されるのが、買いＦＡだからです。すでに買収したい対象企業は決まっているため「相手探しという価値」を、大企業同士のＭ＆Ａにおいて、買いＦＡは提供できないのです。

買いＦＡが提供する価値は、売りＦＡが提示してきた案件を子細に分析し、買い手の経営戦略や事業戦略を財務状況などと総合的に照らし合わせ、譲り受ける価値があるかどうか、あるいはどんな条件なら譲り受けてもよいのかを、専門的に判断して助言することです。またその後の交渉過程において、依頼企業の利益を最大化するための実務を担うことは、売りＦＡと同様です。

このように、買いＦＡが行うＭ＆Ａ専門家としての助言や交渉支援に高い価値があるからこそ、多くの買い手企業は買いＦＡへの報酬を支払います。それだけの費用をかけたとしても、自社内で案件分析や相手との交渉を行うよりも最終的にはよりよい結果が生まれるため、買いＦＡのアドバイザリー・サービスを求めているのです。

なぜ中堅・中小企業Ｍ＆ＡでＦＡのサポートが少なかったのか

Ｍ＆Ａ仲介というビジネスモデルが生み出され、現在のように大きな中堅・中小企業Ｍ＆Ａ市場を形成するまでに成長したのは、中堅・中小企業のＭ＆Ａに、ＦＡよりも仲介というモデルが、よりフィットしていたからです。

①中堅・中小企業のＭ＆Ａでは、知名度のない企業同士のソーシングとマッチングが不可欠

大企業同士のＭ＆Ａでは相手候補は限られますが、中堅・中小企業のＭ＆Ａにおいて

は、少なくとも資金面では、上場企業のように買い手候補となる企業が限定されるということはありません。極端にいえば日本全国のすべての企業が買い手候補となる可能性があるのです。

そのため、数万、数十万の母集団から譲り受け候補となりそうな企業をピックアップしていく買い手のソーシングが非常に重要になります。また、上場企業や大企業のＭ＆Ａでは、売り手も、買い手もすでに互いのことを知っています。

しかし中堅・中小企業は売り手の知名度がないケースがほとんどです。場合によっては、特定の地域内や業界内で一定の知名度をもつ企業が売り手となることもありますが、例外的です。買い手についても、売り手が知らなかった企業となることも当然あります。そのためソーシング後に互いを知ってもらい、魅力を伝えながら譲り受けるメリットを感じてもらうマッチングの部分も重要です。

②中堅・中小企業の多くは、株主と経営者が同一

中堅・中小企業のほとんどは、創業者あるいはその後継者である経営者（代表取締役など）が、株式の大半あるいはすべてをもつ株主ともなっている「オーナー経営」です。

オーナー経営の場合は、上場企業や多数の株主が存在する大企業に必要な「M＆A実施による株主に対する説明責任」は必要ありません。大型のM＆Aについて、株主への説明責任上、仲介を利用することに不安が生じるといった問題は、オーナー経営企業では発生しないので仲介でもなんの問題もありません。

M＆Aの譲渡価格の根拠となる企業価値評価や、事業性評価などの分析・計算などにおいても同様です。

上場企業では、不適切な評価がなされれば株主価値の毀損《きそん》に結びつき、株主から厳しく責任を追及されます。株主以外にも金融機関や労働組合といったステークホルダーやマスメディアからの批判も受けます。

一方、極端な話ですがオーナー経営企業では、基本的には経営者＝株主であるオーナーの一声ですべてが通ります。

監査法人による定例監査も受けておらず、ガバナンスや内部統制の意識も薄いのが多くの中堅・中小企業の実態です。会計帳簿一つをとっても記録が不正確だったり、恣意的な操作が行われたりしていることは、さほど珍しくありません。また法令違反の隠蔽や不合理な企業行動などもしばしば見受けられます。さらに業績も期ごとのブレ幅が大きく、将来の数値予測が困難な面があります。

そのような中堅・中小企業の実態を前提とすれば、M&Aのための企業価値算定においても、上場企業のM&Aで用いられているような、ファイナンス理論に基づいた精緻な計算による価値算定はあまり意味がありません。

中堅・中小企業のM&Aでは、よく年倍法（年買法）といって時価純資産に営業利益の1~5年分を加算するといった決め方や、マルチプル法などでの価格の決め方が用いられています。あるいは、年倍法などで評価するものの、「売り手の社長が『リタイア後の生活に1億円欲しい』と言っているので税金面も考慮して、1・5億円で譲り受けてもらえませんか」というような合理的な金額の根拠がほとんどない条件提示がなされることもあります。

それでも互いのオーナー経営者の一声で決まるのが、中堅・中小企業同士のM&Aです。理論的な根拠を基にして、徹底的に議論・交渉して妥結点を探る従来のFAのスタイルよりも、売り手と買い手の間に立ち、両者の言い分を聞きながら契約をまとめる仲介スタイルのほうが中堅・中小企業の実態には合っている面が多いので、仲介が普及したといえます。

③報酬モデルの違い

FAは、売り手または買い手のどちらかとしか契約をしないため、報酬も契約した一方からしか受け取りません。

それに対して仲介会社は、売り手と買い手の両方と契約し両方から報酬を受け取ります。しかし両者を比較して、単純に仲介がFAの2倍の報酬を得られるのかといえば、必ずしもそうではありません。

譲渡価格10億円のM&A案件を成功させた場合に、仲介会社は売り手と買い手の双方から4000万円ずつの報酬を受け取るとします。

同じ10億円のM&A案件で、売りFAは、売り手から5000万円の報酬を受け取っており、買いＦＡは買い手から５０００万円の報酬を受け取っているということもあり得ます。

当然、依頼する各社の料金体系による違いが大きい業界なので、一概にはいえませんが、仲介が〝両手〟で報酬を得られるのに対して、ＦＡが〝片手〟分しか得られないとしても、その片手分の単価を高く設定しているということは、あり得る話です。

しかし、Ｍ＆Ａを成約させるアドバイザーの立場でいえば、１つの案件を成約させることによって受け取れる報酬総額で見れば、仲介のほうがＦＡよりも多額になることは間違いありません。

それでも１件あたりの譲渡価格が高額で、報酬金額も十分多額となる大企業Ｍ＆Ａであれば、ＦＡであっても割に合います。

譲渡価格が低いため報酬金額も少ない中堅・中小企業Ｍ＆Ａにおいては、片手分の報酬しか得られないＦＡよりも、仲介に取り組むことにより魅力を感じるのもうなずけます。

中堅・中小企業のＭ＆Ａ仲介というビジネスモデルを、仲介会社が普及させてきた背景には、より多くの報酬が受け取れるモデルであるという事情もあったのではないかと思います。

大手仲介会社がＦＡ業務をメニュー化しにくいわけ

仲介にしろＦＡにしろ、その業務を行うにあたり登録支援機関としての登録は任意であり、許認可は不要です（２０２３年9月時点）。仲介会社がＦＡ業務を行ってもまったく問題はありません。

実際、仲介会社でもＦＡとしての業務を行うこともあります。仲介会社が売り手を見つけてきた大型案件で、上場企業が買い手となる場合に、売りＦＡとして関わることもあります。

しかし、それはあくまで顧客からの強い要望などの事情があった場合の特別対応に近いもので、大手の仲介会社が仲介と同等にＦＡをメニュー化することは困難と思われます。

その理由は、１つの案件を成約までまとめる労力は仲介でもＦＡでもあまり変わらないにもかかわらず、ＦＡは売り手側からしか報酬を得られないからです。またそれ以上に、Ｍ＆Ａコンサルタントのモチベーションが上がらないという理由もあります。

ほとんどの仲介会社では、Ｍ＆Ａコンサルタントにインセンティブ報酬が設定されており、それは成約させた売上や件数に比例しています。Ｍ＆Ａコンサルタントが、同じ労力を掛けるのだったら倍の売上になり、自分のインセンティブ報酬もそれだけ増える仲介案件を優先するのも当然です。

Ｍ＆Ａコンサルタントの業務は常に多忙で、１件のＭ＆Ａをまとめるだけでも大変な労力が必要です。そのなかで仲介案件とＦＡ案件の両方を抱えていた場合、仲介案件を優先し、ＦＡ案件を後回しにするようになってしまいます。そして、Ｍ＆Ａの進行を遅らせることになり、顧客の不満につながります。

仲介のビジネスモデルや業務体制を確立し、多くの仲介実績ももつ大手Ｍ＆Ａ会社が、ＦＡをサービスメニュー化して本格的に取り組むためには、Ｍ＆Ａコンサルタントへのインセンティブ設計なども含めて業務を大きく見直さなければなりません。このような理由から、大手の仲介会社が、ＦＡ業務を仲介業務と同等にメニュー化することは難しい側面があるのです。

依頼者の立場で動けることに意義を見いだす事業者が増えている

中堅・中小企業M＆A市場の急拡大に伴って登録をしたＦＡ事業者とは別に、それ以前から中堅・中小企業に対してＦＡサービスに特化した事業を展開しているＦＡ事業者も、少数ながら存在しています。

そういった以前からＦＡ事業に特化してビジネス展開している事業者の場合、事実はどうであれ仲介モデルよりもＦＡのほうが本質的に優れているという考えをもって事業に取り組んできたケースが多いように感じます。

最近ＦＡ事業者登録をした人のなかにも、仲介よりもＦＡのほうが優れているという信念をもって活動している事業者もいます。

事業なので、市場におけるポジショニングなども考慮はしていますが、それ以前に「売り手と買い手の両方から報酬をもらう仲介モデルではなく、どちらか一方の立場で動くＦＡこそ、依頼者にとって最大の価値が提供できる」という自身のパーパスやＭＶＶ（ミッション、ビジョン、バリュー）の設定が前提にあるということです。

M＆A仲介というビジネスモデルは、中堅・中小企業の実情にフィットしているからこそ、中堅・中小企業M&A市場の拡大、発展に大きく貢献してきました。

しかし、仲介だけがすべての面で正しく、常に良いものであるともいえません。仲介が存在し、FAも存在し、売り手と買い手が、状況や好みによって選択できる状況が市場として健全な姿だと私は考えています。

●中堅・中小企業M&AをFAが支援することで、メリットが出るケース、出ないケース

中堅・中小企業M&Aの支援において、どんな場合でも仲介が優れているわけでもなく、また、どんな場合でもFAが最大の価値を提供できるわけでもありません。

売り手、買い手が、何を最優先課題にしているか、また企業の状況にもよります。そのため仲介かFAかというよりも、担当者の経験値や能力のほうが、大きな影響を与えることも多く、FAが支援することでメリットがあるケースもあります。

売り手の立場にとって、売りFAが支援することでメリットを得やすいケースとしては、売り手が手間や時間を最大限掛けてでも、最高の条件でベストの買い手とのマッチン

グを望む場合が挙げられます。ＦＡはある意味で、オーダーメイド的に、売り手の要望を聞いて叶えようとしてくれます。とはいえ相手がいることですから、すべてが売り手の望みどおりの理想的な相手になるということはあり得ません。細部にまでこだわりがない場合には、ＦＡが支援するメリットは少なくなってしまうかもしれません。

買いＦＡの活用に限定していえば、すでにある程度売り手の候補が見込まれていて、その是非を判定する場合に、買いＦＡを選定するメリットがあります。株式譲渡がいいのか、事業譲渡がいいのかといったスキームを緻密に組み上げたり、厳密な事業価値算定を行ったりしたい場合などは、買いＦＡのメリットを得やすいと考えられます。

仲介とＦＡを比較した際によくある誤解

中堅・中小企業Ｍ＆Ａの仲介とＦＡとを比較検討する際、２つの側面で誤解が生じることがあります。これはＭ＆Ａを依頼する売り手、買い手も、当のＭ＆ＡコンサルタントやＦＡ自身も誤解していることです。

●FAに対する誤解

FAと仲介を比較するときに次のような話をよく耳にします。
「FAモデルでは、各FAが、それぞれの依頼企業の利益を最大限に追求して要求を曲げないため成約しにくいが、仲介は両者の間に立って両者の言い分を聞きながら進めるため、妥協点を見つけて成約させやすい。そのため、確実に成約させたいのなら、仲介のほうがいい」

これは杞憂だといえます。

そもそも交渉に臨んでいる時点で、FAは、そのM&Aを成立させることが、依頼企業にとってメリットがあるという前提に立っていることになります。そうでなければ「このM&Aはやめたほうがいい」と助言するはずです。また、FA自身にとっても、交渉開始から一部費用を受ける形でなく成功報酬契約を結んでいれば、ディール・ブレイクした場合は報酬が受け取れないことになります。そのため交渉に臨んでいる以上は、各FAは、M&Aを成立させないよりは、成立させたほうが互いにメリットがあると考えていますし、当然相手側もそう考えているはずだという認識を互いにもっています。もちろん売り案件となる会社のなかに大きな問題が見つかった場合には「このＭ＆Ａはやめたほうがいい」と助言するケースもありますが、ＦＡだから、仲介だからというよりは、その売り案件のもつ問題によることが大きいです。

きちんとした仕事をするＦＡであれば、自分も交渉相手もその状況にあるという認識に立っていますので、ディール・ブレイクさせるよりは、交渉すべき論点についての落としどころを探りながら、ディールを進めていきます。結局、そうしてプロとしての交渉の落としどころをつくっていくことが依頼企業にとってもメリットとなり、両者（ＦＡ）にとっても、利益が最大となるということを理解しているのです。

だからこそ、しっかりとディールをまとめることができるのであり、ＦＡだから交渉がまとまりにくいといったことはありません。

なかにはそのような交渉の本質を理解しておらず、とにかく自分の主張を絶対に通すことがＦＡの仕事だと勘違いしているＦＡも存在します。運悪く相手がそういうＦＡだった場合は、残念ながら本質と違う論点であっても交渉が決裂しやすくなります。

●仲介に対する誤解

一方、仲介についてもよく勘違いされる部分があります。

仲介は、多くの業者では同じ人間が売り手と買い手の間に立って妥結点を探るのですが、それはどちらかに一方的な不利益を与えるような事態があっても、呑《の》み込ませて妥協をさせるということではありません。売り手または買い手のどちらかに、相手の損失につながるような事実が見つかれば、M&Aコンサルタントは必ずそれを相手に伝えます。また、一方にあまりにも有利（不利）だと思える条件をどちらかが提示してくれば、それを無理に相手に受け入れさせることはしません。

あくまで、両者にとって不満のないバランスの良い条件の妥結点を探ることが仲介の仕事です。つまり、FAであっても、仲介会社であっても、それぞれがきちんとした仕事をする担当者であれば、結局のところ、売り手、買い手のどちらも満足できる成約内容となるのです。

第4章

買い手が見つからない仲介会社を救う
業界初の買い手のプラットフォーム
「Byside FA」

売り手基点のM&A仲介で、滞留案件が増加する

Ｍ＆Ａは、売り手と買い手の両方を見つけられなければ成約させることはできませんが、これまでの中堅・中小企業Ｍ＆Ａの仲介会社では、まず売り手を探し、売り手基点でマッチングするモデルで業務が進められてきました。これは基本的に中堅・中小企業を対象としたＦＡの場合でも同様です。

仲介会社でのＭ＆Ａコンサルタントの業務は、売りニーズを見つけてきて案件としてまとめてから買い手を見つけてマッチングに進む、というのが基本的な流れです。売り案件がなければその先に進みようがないというのが、Ｍ＆ＡコンサルタントやＦＡの常識的な考え方です。

もちろん実際には買いニーズが基点となるＭ＆Ａも存在しますが、はるかに難易度が高くなるため、通常のＭ＆Ａ仲介会社においては多くありません。売り手を探し、それに見合った買い手を探すというのがＭ＆Ａ仲介会社の業務の前提となっています。

仲介会社に勤めるＭ＆Ａコンサルタントが入社後すぐに教えられるのは、売り案件を探すためのアプローチ方法です。そしてアプローチができたら、売り手の気持ちに深く入り

込み、決して離さないように固くグリップすることです。売り手と買い手との間に立って、中立の立場からマッチングをする仲介とはいいながら、実際のところ入社直後の目線は、8割方売り手に向いています。

売り案件をつかんでさえいれば、仮に1つの買い手とのマッチングに失敗したとしても、別の買い手を探してきて成約できる可能性があります。売り案件を手放したり譲渡意思が消滅したりしてしまえば、できることはなくなります。またゼロから売り手にアプローチをしなければならないのです。

そうするとM&Aコンサルタントは、とにかく売り手へのアプローチやグリップが重要だというマインドになっていきます。ただし売り手基点で業務をスタートし、売り手へのアプローチに注力して、売り案件の数を増やしても、実際は買い手を見つけられなければ滞留案件が増える結果となります。

現状そのようなM&A仲介会社が増えているのは、M&Aコンサルタントの多くが、売り手探しよりも買い手探しのほうを不得手としているためなのです。

その理由の一つとして、売り手と買い手ではニーズの質が異なるのに、M&Aコンサルタントには売り手基点というマインドが染みついていることが挙げられます。

また、実際に買いニーズの探索や買い手へのアプローチを経験できる業務機会が少ないという点もあります。

売り手探索と買い手探索の質の違い

売り手の探索においては、確度や温度感の差はあるにしても、「譲渡ニーズは存在する」という前提があります。特に、現在の中堅・中小企業M＆Aの大半を占める事業承継のための譲渡ニーズの場合、一定の数が存在することは明らかです。事業承継の譲渡ニーズには期限があることも特徴で、ほとんどの場合は数年以内に譲渡したいというニーズとなります。

あいまいなニーズの売り手も増えてはいますが、いまだに中堅・中小企業M＆Aの大半を占める事業承継ニーズに限っていえば、かなり具体的で確度の高いニーズが存在しています。事業承継が成功するか、あるいは廃業するまでは変わらないため、売り手候補へのアプローチとして、「将来の事業承継を見据えて、M＆Aをご検討しませんか」というセールストークが成立します。

①あいまいで確度が低い買いニーズを探し続ける買い手側の探索

一方、買い手の探索では事情が異なります。

買い手においては、そもそもあらかじめはっきりした買いニーズが存在するわけではなく、売り案件を見せられて、初めてそのニーズが明確になることが多くあります。

買い手に事業領域拡大意図や資金的な裏付けといった、いくつかの前提条件は必要です。しかし「このような売り案件がありますが、譲り受けを検討しませんか」と提案されて、初めて「事業領域が隣接していてシナジーも見込めそうだ」「このM＆A投資なら、○年で回収できそうだ」といった検討が具体的に始まるのです。

具体的な売り案件がない段階で、漠然と「将来を見据えて、何か会社を買いませんか」とセールストークをしても、買い手は投資の検討をしようがありません。

②確度の高い買いニーズにも、マッチする売り案件が必要

あらかじめ確度の高い買いニーズが存在する場合もあります。例えば、こういう技術をもった企業が欲しいとか、このエリアでチェーン店舗展開している企業が欲しい、といったニーズです。しかし、そのような確度の高いニーズをもっている企業を探すことがまず大変です。企業にアプローチできたとしても、具体的に提案できる手もちの売り案件がなければ、相手にしてもらえません。

③顕在化した買いニーズも常に変化している

顕在化した買いニーズを一度把握しても、そのニーズは常に変化しています。

ある企業に、特定部門の強化のために一定の業務ノウハウや技術をもつ企業の譲り受けニーズが生じたとします。その時点でいい売り案件があれば、もちろんM&Aにより譲り受けしますが、ちょうどいい案件がなかったからといって、その部門を強化せずに放置しておくということは考えられません。自社内で人材を育成してノウハウを蓄積するなり、

代替手段を用意するなどして対応を図るはずです。

事業環境の変化が速いこの時代に、「1年前におっしゃっていたニーズに合いそうな売り案件があったのですが、検討なさいませんか」と言っても、すでにそのニーズがなくなっている可能性は高いです。事業承継の売りニーズであれば、それが実現しない限りニーズが消えることはありません。

この点も、事業承継の売りニーズとは、まったく異なる買いニーズの特徴です。

一気通貫型では、買い手へのアプローチ業務はわずかしか経験できない

買いニーズ探索や買い手へのアプローチを難しくしているのは、ほとんどのM&A仲介会社、FA事業者で、担当者が一人で受託した売り案件の買い手候補を一気通貫型で探していることが原因です。この場合、予備的な探索は契約前に行うこともありますが、本格的な買い手探しや買い手へのアプローチをするのは当然ながら売り手からの受託後になり

ます。

一般的なM&A仲介会社において、1人のM&Aコンサルタントが売り手からの契約を受託できる数はかなり少なく、1年間に10件獲得できれば、かなり優秀です。経験が少ないM&Aコンサルタントなら年に1件かもしれませんし、1件も受注できないかもしれません。

ここから分かることとは、売り手の探索や売り手へのアプローチは数百回、数千回と繰り返すのに対して、買い手の本格的な探索や買い手へのアプローチは、年に数回しか行われないということです。

一気通貫型を前提にする以上、1人のM&Aコンサルタントが経験している業務量としては圧倒的に売り手対応が多く、買い手探索などの対応はほんのわずかです。経験が少なければ、知見やノウハウも蓄積されにくく、習熟して得意になることが困難であるのも当然なのです。

このような状況にあるM&A仲介会社のM&AコンサルタントやFAに対して、今までになかった形で買い手探しのサービスを提供するのが、私たちの「買い手探し特化型」FAモデルです。

買い手探し特化型の買いＦＡ＝「Byside FA」とは？

多くのＭ＆Ａ仲介会社、Ｍ＆Ａコンサルタント、ＦＡなどが抱えている買いニーズ探索や買い手アプローチの壁を乗り越えて、スムーズなＭ＆Ａの成約を実現するための新しいＭ＆Ａ支援サービスモデルが、買い手探し特化型ＦＡモデルです。

買い手探し特化型ＦＡモデルとは、「売り案件をもつＭ＆Ａ仲介会社または売りＦＡから依頼を受けて、買い手を探索して紹介する」という形の新しいＭ＆Ａ支援モデルです。買い手企業から依頼を受けて、買い手企業のみから報酬をもらってＭ＆Ａ支援業務を行います。

つまり、買いＦＡの一種であり仲介ではありません。売り手側企業の案件をもつＭ＆Ａブティックからも、買い手探しの依頼を受けるという点においては、通常の買いＦＡと業務内容が異なります。

特に大企業同士の場合、これまでの買いＦＡはすでに候補相手が見つかっているか、絞り込まれている段階から関与します。それに対して、買い手探し特化型ＦＡモデルでは、その名のとおり、すでに案件化されている売り案件に対して、適切な買い手を探し出してマッチングする役割も担う点が特徴です。

M&A仲介における買い手探しの役割と、買いFAにおける買い手に対しての助言業務の両方を担うようなイメージです。

買い手探し特化型FAモデルは、買いFAの一種とはいってもこれまでに存在していた買いFAとは異なる役割を担う、まったく新しい業務モデルです。これを単に「買いFA」と記載してしまうと、既存の買いFAとの区別がつかずに誤解を招くので、本書では既存の買いFAと区別するために、買い手探し特化型FAモデルを「Byside FA」と呼ぶことにします。以降、本書において「Byside FA」とは、買い手探し特化型FAモデルの買いFAのことを指します。

●M&Aブティック業務におけるAPIのイメージ

Byside FAは、買い手企業から見た場合、通常の買いFAと同様にそのM&Aが自社にとってメリットをもたらすものなのか、また自社にとって最適な条件やスキームはどのようなものかを助言してくれる役割を担います。

「買い手探し特化型」FAモデル

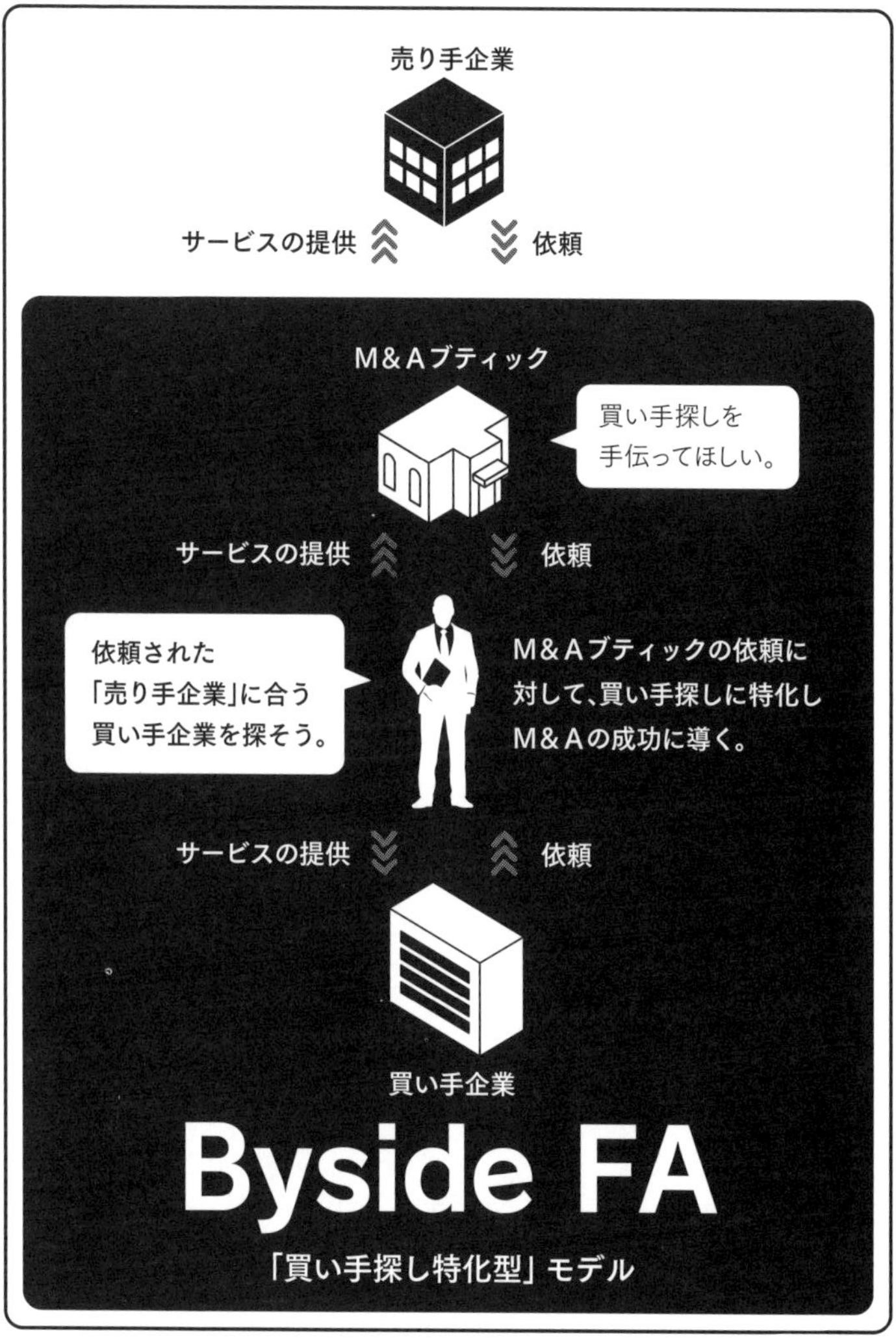

M&Aブティックから見た場合には、〈売り手探し→案件化→買い手探索→マッチング→エグゼキューション〉という段階で進むM&Aプロセスにおいて、買い手探索とマッチングの部分と、場合によってはそれ以降のプロセスの一部もアウトソースできる相手がBysideFAだというイメージです。

ただし、BysideFAはあくまで買いFAですから、報酬を支払う依頼者は買い手企業になります。つまり、M&AブティックがアウトソーシングI報酬や紹介料などをBysideFAに支払う必要はありません。

その意味ではアウトソーシングというより、コンピュータシステムにおいて公開されたAPIを利用するようなイメージが実態に近いかもしれません。APIとは、異なるソフトウェアやプログラム、Webサービスの間をつなぐために、多くは無料で公開されているインターフェースのことです。APIがあることで、例えば自社のWebサイトに、無料でGoogleマップによる地図を載せるといった連携ができます。

Byside FAの具体的な流れ

Byside FAの業務の流れは次のとおりです。

①M&Aブティックから買い手探索の依頼を受け、ロングリストを作成

M&Aブティックがもつ売り案件に対する買い手探索の依頼を受けた私たちは、まず、自社のデータベースによるロングリストを作成します。日頃から買い手候補になりそうな企業の情報を収集、蓄積してデータベース化し、数十万件に上る買い手候補を集めた確度の高い自社データベースを構築していることが、Byside FAのポイントの一つです。

②買い手へのアプローチ

私たちからロングリストの提示を受けたM&Aブティックは、それを売り手に提示します。そして、売り手から提案許可をもらった企業に対して、私たちが買い手候補にアプ

ローチします。

単に、売り案件の情報を右から左に流すだけではなく、買い手のビジネスモデルや財務状況を把握、理解したうえでＦＡとして買い手の立場に立ち、買い手のメリットを最大限追求するための助言をすることも含めてアドバイスをするという立場でアプローチするところが、Ｍ＆Ａ仲介会社や売りＦＡによるマッチングとの違いになります。

③買い手とのＦＡ契約の締結

買い手が納得してＭ＆Ａを前向きに検討する場合、私たちとアドバイザリー契約を締結します。その後、意向表明書の提出、トップ面談など通常、仲介会社のＭ＆Ａコンサルタントが行うＭ＆Ａプロセスに移行します。その段階からは買いＦＡとして、クロージングまでのすべてのＭ＆Ａ実務について、そのプロセスをスムーズに進行させせつつ、買い手の利益を最大化させるために、買い手へ助言提供や交渉などの実務の補助をします。

買い手の必要に応じてデュー・デリジェンス業務の提供や、資金調達に係る相談を受けることも可能です。

④案件を成約させるために、必要に応じて、M&Aブティックへのアドバイスも実施

M&Aブティックに対しても、成約に向けたアドバイスを必要に応じて行います。買い手の事業について、どのように売り手にアピールすれば売り手に対して強く刺さるのか、といった点についてM&Aコンサルタントや売りFAから相談されれば、それに対してアドバイスを与えたりします。

場合によってはM&Aコンサルタントと同行して、売り手に直接会って、買い手の魅力を伝えます。

M&AブティックがByside FAを利用するメリット

中堅・中小企業M&A仲介会社やFAなどのM&Aブティックが、Byside FAを利用することで得られるメリットは次のとおりです。

①最適な相手とのマッチングが早期に実現し、売り手からの信頼度、満足度が高まる

まずは、売り案件に適した買い手候補とのマッチングが早期に実現するという点です。自社で買い手を探そうとして時間が掛かり、案件が滞留してしまったり、あまりフィットしない買い手候補しか挙げられなかったりすれば、売り手からの信頼度が下がります。場合によっては、ほかのM&Aブティックに乗り換えられてしまう可能性もあります。Byside FAの活用により早期に適切な買い手候補が提示できれば、売り手からの信頼が得られ、そのような事態を防ぐことができます。すでに滞留化していた売り案件があったとしても、どんどん減っていくということです。

買い手候補を見つけやすい、業況が良い売り手企業の場合ならByside FAを利用する意味がないかといえば、そんなことはありません。

業況が良く事業成長過程にある売り手は経営者の意識や目線も高く、望む希望条件も厳しいことが普通です。だからこそ明確な譲り受け理由や、譲り受け後の成長戦略を示せる買い手候補を複数提示して、比較検討できるようにすることで満足度が高まるのです。

もちろん、その後の交渉によっては成約までは至らないこともあります。それでもしっかり買い手を探してくれたという売り手からの信頼を勝ち得ていれば、その後の関係継続につながります。

②業務生産性が向上する

常に業務に忙殺されているM&Aコンサルタントや売りFAにとって、明確なニーズが存在するかどうか分からない買い手探しを続け、マッチングまでのやり取りを続けることは、業務上の大きな負担になります。その部分を丸ごとByside FAに任せて分業することができれば、売り手への対応に集中でき、業務生産性が向上します。

売り手担当の業務と買い手担当の業務は、本来的に性質が異なるものであり、一人のM&Aコンサルタントが一気通貫で担当するよりも、分業したほうが効率的にM&A業務を進められ、生産性を高められることが多いのです。しかし、M&A仲介会社の同じ社内で分業体制を敷くことはさまざまな理由から難しく、ほとんどすべてのM&A仲介会社で一人のM&Aコンサルタントが売り手も買い手も担当しています。例外的に社内で完全に分業体制を敷いているのは、人も案件も大量に保有している大手のM&A仲介会社くらいです。

③滞留案件も含めて、M&Aの成約可能性が高まる

M&A案件はすべてが最終的な成約に至るわけではなく、途中でディール・ブレイクとなることも珍しくありません。途中でブレイクしてしまうと、成功報酬のみで依頼を受けている多くのM&Aブティック、M&Aコンサルタントにとって、大きな徒労感だけが残るものです。

M&Aがディールの途中でブレイクする理由はさまざまですが、そもそもマッチングの段階から齟齬がある組み合わせだったということも少なくありません。Byside FAの活用により、売り案件に適した買い手候補が探索・マッチングされるので、まずその理由によるブレイクの危険が減ります。

また、トップ面談、その後のデュー・デリジェンスなどのエグゼキューション段階において、少し勘違いをした買い手が上から目線の態度を取ったり、突然むちゃなことを言いだしたりして、売り手が気分を害してブレイクしてしまったり、ブレイクはしないまで

も、その後のフォロー対応にM&Aコンサルタントが神経をすり減らしたりするといったことも、M&Aディールで意外とよく見られる光景です。

これもByside FAの活用により、買い手の希望や傾向に精通した各コンサルタントが入っていれば、買いFAとして買い手に助言や交渉のサポートが可能です。M&Aの現場に精通した各コンサルタント自身が、そのような不適切な対応をすることがあり得ないのは当然として、買い手に対してもディール・ブレイクとなりかねないような言動が生じないように働き掛けているため、不測の事態によりディール・ブレイクするリスクが抑えられ、最後の成約までたどり着ける可能性が高まります。

このようにByside FAを活用することで、ディール・ブレイクとなる確率が減り、最終的な契約まで至る可能性も高めることができるのです。

④必要に応じて、マッチング後のアドバイスやサポートも受けられる

Byside FAでは、M&Aブティックに買い手候補を紹介しマッチングを実現したあとのトップ面談や基本合意、エグゼキューション段階においても、売り手サイドのM&Aブ

ティックと密に連絡を取って、成約を目指します。その過程で、必要に応じてM&Aブティックの担当者へのアドバイスやサポートをする場合もあります。

例えば、異業種から参入してきたM&Aブティックの担当者や、ディール経験が少ないM&Aコンサルタントだと、売り手対応のノウハウも少なく、不安を感じていることもあると思います。

買い手の印象を高めてマッチングの成功に結びつけるための売り手へのトーク、あるいは、トップ面談や中間合意、デュー・デリジェンス、最終契約などマイルストーンごとにディール・ブレイクを避けながら、スムーズに先のプロセスに進行させていくための売り手のディレクションなど、M&Aの成約までたどり着くためには状況に応じた細やかな対応ノウハウが必要です。こういったノウハウがなければ、いくら売り手にマッチした買い手を見つけられても、成約に結びつけられる確率は大きく低下します。

売り手対応に不安を感じるM&Aブティック、M&Aコンサルタントに対して、私たちがサポートをすることも可能です。「この売り手には、買い手のこの事業を強調して伝えれば刺さりやすいのではないか」といったセールストークから「買い手の経営者はこういうタイプだから、トップ面談では売り手経営者にはこういう部分を説明してもらうと印象が良くなる」といった、交渉をスムーズに進めるためのコツもアドバイスします。場合によっては、私たちがM&Aブティックの担当者に同行して、直接売り手と面談することも可能です。

このようなサポートを受けられることは、特に中堅・中小企業M&A2・0時代に新規参入してきて経験の浅いM&Aブティック、M&Aコンサルタントにとっては非常に心強い味方といえます。

もちろん、Byside FAは買いFAの一種なので、M&Aにおいて買い手の利益を最大化するため、買い手に助言や支援をしています。しかしそれは、買い手の主張だけを一方的に売り手に伝えて、売り手と対立するというようなことではまったくありません。

それは適切な条件でM&Aを成約に導くことこそが、買い手のメリットになることを熟知しているからです。不測の事態でのブレイクは、買い手にも売り手にもデメリットにしかなりません。そのため、売り手側のM&AコンサルタントやFAとしっかりとコミュニケーションを取り、場合によってはアドバイスもしながら、ともに歩んで成約を目指すのがByside FAの特長なのです。

⑤売り手情報の漏洩や競合の心配がない

これまでも売り案件を抱え、自身での買い手探しが難航しているため、M&Aコンサルタントがほかの仲介会社から買い手を紹介してもらうケースはありました。

しかし、それは属人的なつながりがあったり、たまたま情報交換したり、といった極めて限られたケースにおいてのみ活用されてきたというのが現実です。

今後はM&A仲介会社のなかから、他社案件の買い手探しを手伝い、買いFAで対応する、といったBysideFAと同じ動きをする企業も出てくると思われます。

一方でM&A仲介会社同士は競合であるため、例えば売り手案件の情報を知られてしまった場合、それを知った他社が秘密裏に売り手にアプローチして案件を横取りされる可能性を考慮する必要があります。

例えば非専任案件で、その仲介会社が売り手にマッチした買い手をつかんでいれば、なおさらほかのM&A仲介会社に買い手を紹介して片手分の報酬だけ得るよりも、裏で売り手にアプローチして両手の報酬を得たいと考えても不思議ではありません。もちろん、売り手とは専任契約を結び、他社とは秘密保持契約などの契約を結んでいたとしても、さまざまな抜け道的な方法は考えられます。だからこそこれまで以上により慎重に案件情報を提供しなければなりません。

また、買い手探しを依頼したM&A仲介会社をだまして案件を横取りしようという悪意がなくても、トラブルになることもあります。最近私たちに相談が寄せられた一例ですが、あるM&A仲介会社のX社が、他の仲介会社のY社から売り手候補企業Z社の買い手探しの依頼を受けたことがありました。しかし、X社の担当者が買い手探しの依頼を請け負って、探索やマッチングを進めている最中に、それを知らない別の担当者がZ社にアプローチしてしまったそうです。それを売り手企業から聞かされたY社は不信感を募らせ、当然怒りましたが、最初に相談を受けたX社の担当者はそのことをまったく知らなかったそうです。悪意があってもなくても、M&Aは「情報」を財産とする信用で成り立つ業界です。こういった事案が一度でも発生してしまえば、その後の連携が頓挫してしまい、次からは情報がもらえなくなる、というのも当然のことといえます。

さらには、通常時は両手の報酬を得られる仲介業務をしている仲介会社が、片手分の報酬しか得られない買い手探索の依頼を受けたとしても、通常の仲介業務より優先度が低くなり後回しにされてしまいます。連絡やディールの進行など、全般的に進行が遅れることは十分に考えられます。

Byside FAを手掛ける私たちは、買いFA専門であり仲介ではないので、直接売り手経営者から相談をされたり、属人的な紹介を受けたりする以外で売り手にアプローチすることはありません。売り案件を横取りされたり、情報が漏れたりする心配をせずに買い手探しを任せることができます。もちろん、買い手探し業務を専門に行っているのですから、優先度が低くて業務が遅れるといったこともありません。

なぜこれまでByside FAが存在しなかったのか

Byside FAは、M&A仲介とも、既存の買いFAとも異なる、新しいM&A支援モデルです。これまでにも部分的に似たような業務をしているFAはいたかもしれませんが、買い手探索のみを専業としてサービス提供するFA事業者は存在しませんでした。その意味で、私たちが日本初のByside FA専門事業者だといえます。

そもそも、中堅・中小企業M&Aの市場自体が急拡大して、Byside FAへのニーズをもつ

M&Aブティックが急増したのはここ数年であり、それまではM&Aブティックの数も少なかったため、市場ニーズが小さすぎたという事情もあります。ですが、その業務を担える人材がいなかったことのほうが大きいかと思われます。

M&A業務において、売り手側を扱うことと買い手側を扱うことには、質的に異なる面があります。それにもかかわらず、多くのM&A仲介会社ではM&Aコンサルタントが一気通貫型で業務を担当しています。そのため買いニーズ探索や買い手へのアプローチを数多く経験することは、なかなかできません。ほとんどのM&Aコンサルタントは、買い手対応の経験値が圧倒的に少ないのです。

他方、限られた相手とのマッチングを前提に進める大企業同士のM&Aにおいて、買い手への助言業務を担当する既存の買いFAは、基本的に相手の探索やマッチングは行いません。だからこそ、買いニーズ探索や買い手へのアプローチの業務経験が豊富で、その領域に特化した知見やノウハウをもつ人材は、ほとんど存在していないのが実態です。それがこれまでByside FAというM&A支援業態が存在しなかった主な理由だと考えられます。

日本で初めてBysideFA事業を開始できた「経験」と「データベース」

私たちが日本で初めて、Byside FA専門という業態でサービス提供を開始できたのは、最大手M&A仲介会社の買い手担当部門で、長い間買い手探しとマッチングの経験を積んできたメンバーが独立して創業したからにほかなりません。

私は大学卒業後、大手計測制御機器会社に入り、法人営業を担当していました。その後、最大手M&A仲介会社に転職します。その会社は、売り手担当部門と買い手担当部門が、組織上完全に別部門として、独立して業務に当たっていました。M&Aコンサルタントも、売り手・買い手を一気通貫型で担当するのではなく、売り手担当か買い手担当に分かれ、分業によって業務をしていました。

私は入社直後から買い手担当部門に配属され、それから8年間、ほぼ買い手の探索とアプローチ、マッチングのみを担当し、その部門を統括していました。買い手探索業務において多くの経験を積み、実績を残してきたからこそ、現在Byside FA事業が展開できているのです。

ほとんどのM&A仲介会社で、M&Aコンサルタントは一気通貫型で案件を担当しています。分業体制を敷いている仲介会社がほとんどないので、当然のことです。そのため、私のようにひたすら買い手探索と、買い手へのアプローチとマッチングだけをやり続けてきたという経験をもつM&Aコンサルタントは、同じ最大手M&A仲介会社で一緒に働いていた当時の同僚たち以外には、ほぼ存在しないはずです。

長い間、買い手だけを専門で担当してきたという経験、そして独立後に独自の構想で構築した数十万社に上る、具体的な買いニーズをもつ買い手候補企業とデータベースと各種AIを活用したマッチングシステム、私のもつM&A業界内での同業他社とのネットワークが、私たちが日本で初めてByside FA業務を開始できた基盤となっています。

Byside FAの活用事例（M&A支援事業者編1）

S&G株式会社

・業　態：M&A仲介会社
・取材協力：岩下 岳氏（S&G株式会社　代表取締役）

S&G株式会社（以下「S&G」）は、M&A仲介を中心にサービス提供をしている小規模なM&Aブティックです。同社代表取締役を務める岩下 岳氏は、大学卒業後、大手電機メーカーグループに入社し、海外勤務などを経て大手M&A仲介会社に転職。マネジャーとして多くのM&Aに関わり、成功させてきた実績をもちます。同社を退職してしばらくしてから、自らM&AによってS&Gを譲り受けて代表取締役に就任。以後、仲介を中心としたM&Aアドバイザリー・サービスを提供しています。

これまでの実績では、M&A仲介がおおむね8割で、残りの2割程度がFAとしての業務でした。岩下氏が大手M&A仲介会社のM&Aコンサルタント出身だということもあって、まず売り手からの依頼を受けて仲介に携わることが多かったのです。

【事業の特徴】

●ネットワーキング活用型の事業スタイルを追求

岩下氏が同社代表に就任したのはおよそ3年前です。そこからM&Aコンサルタントとしての持ち前の実力が発揮され、同社は業務実績を急拡大させます。岩下氏が代表となった以後は、まさに中堅・中小企業M&A2・0時代のM&Aブティックだといえます。

以前からある大手M&A仲介会社の多くは、DM、テレアポ、新聞・雑誌広告、セミナーなどの、さまざまな手法を組み合わせて強力な営業活動を展開して、とにかく数多くの売りニーズを把握するところに注力していました。大手M&A会社出身の岩下氏は、当然そういった面展開の営業ノウハウは熟知しているのですが、あえてそのような方法は採用せず、新規顧客の獲得やマッチングは、ほとんど紹介とM&Aプラットフォームだけに絞り込んでいます。そこには、新興であり、規模も小さい同社が、大手と同じような領域や方法で競っても、苦戦を強いられるだろうという判断があります。

そこで新規顧客の獲得は、中小機構などの公的団体、金融機関、保険会社、士業者、あるいは、既存の顧客や同業他社となるM&Aブティックなどと提携ネットワークをつくり上げました。そして提携ネットワークからの紹介だけで、新規の売り案件の獲得はほぼ賄っています。

また、マッチングについても提携先などからの紹介が中心で、自社で営業を掛けて買い手を幅広く探索するということはしていません。

さらに同社では、飲食店1店舗といったかなり小規模な譲渡案件も支援しています。そのような小規模案件では、M&Aマッチングプラットフォームも利用してマッチングを行っています。

自社の営業活動によって案件を獲得して囲い込み、自社でマッチング先も見つけてくるという従来主流の囲い込み営業型のM&A仲介会社のスタイルではなく、提携ネットワークやM&Aマッチングプラットフォームなどを活用して、M&A支援業務を行う「ネットワーキング活用型」の事業展開は、中堅・中小企業M&A2・0時代のM&A支援事業者のスタイルだといえます。

S&Gでそのような事業スタイルが採られているのは、岩下氏の事業に対する考え方が根底にあります。岩下氏は、売上拡大や人員増加による会社の規模拡大を闇雲に求めてはいません。自分をはじめ、スタッフがそれぞれの強みを活かしながら、高い価値を提供できる部分に深くコミットして、顧客に利益をもたらすべきだと考えています。また、そのためにはスタッフにもノルマのような目標数字を設定したり、長時間労働を強いたりすることはむしろ逆効果であり、各自が自分の裁量と判断で目標や計画を立てて、主体的に業務を行うことがベストだと考えています。

そのようなスタイルで高い成果が出せるのは、当然ながら、意識が高く実力があるメンバーが集まっているからです。実は同社でM&Aコンサルタント業務をしているメンバーのほとんどは、仕事を通じて岩下氏と知り合い、ウマが合って「一緒にやろうよ」と誘われて入社したメンバーで契約自体は業務委託が中心となっています。

そのような少数精鋭のメンバーが、顧客の利益に深くコミットすることがS&Gの強みだからこそ、大規模な営業展開によって、広く網を掛けるような「囲い込み営業型」のスタイルではなくネットワーキング活用型のスタイルが奏功しているのです。

そして、そのネットワークの一部として、Byside FAも活用しています。

【Byside FA活用の背景】

●自社ネットワークを補完し、しっかり買い手をグリップしてもらいながら成約を目指す

S&Gが提携先から紹介される売り案件のなかには、なかなかマッチングできないものもあるといいます。S&Gの場合、マッチングできない案件の特徴として、業績や財務の

状況が悪い企業は意外にも少なく、そのような数値面以外でどこかにマッチングしにくいポイントがある企業が多いのです。例えば、M&Aによって引退する経営者自身が、業務遂行の重要な部分を担当しており、その人がいなくなることでこれまでの業務が遂行できなくなる属人性が高い企業はその一つです。あるいは、業績はいい企業なのだけれど、地方の少し辺鄙《へんぴ》な場所にある、といったケースもあります。

そのような売り案件でも、多くの場合マッチングが不可能ということではありません。しかしS&Gのように自社で買い手の探索やアプローチを行っていないと、見つけにくいことは確かです。

岩下氏は、そのようなマッチングの課題を解決するために、Byside FAを利用するようになりました。

「広くソーシングやアプローチをしない私たちの営業スタイルでは、少しクセのある売り案件はマッチングさせにくいことがありました。そういった売り案件でも買い手を見つけてもらえました」（岩下氏）

Byside FAは、買い手候補としてリスト化している買い手企業のことをよく把握しています。そのため、多少クセのある売り案件でもパズルピースの凸凹を合わせるように、案件にマッチした買い手候補を見つけられる可能性が高いのです。実際、私たちからの紹介により、わずかな期間で成約までたどり着いた案件が1件あり、その後も、数件のマッチングが成功して、成約に向けてディールが進行中です。

S&Gのように、ネットワーク型の事業展開をしているM&Aブティックにおいて、Byside FAはまさに頼れるパートナーとなります。

もう一点、岩下氏がByside FAのメリットとして挙げてくれたのは、マッチング後の買い手のグリップが利いている点です。

S&Gはネットワーキング中心で案件獲得をしています。そのため、なかには経営者と知り合いで譲り受けのニーズは知っているものの、M&Aの実務はまったく知らない、いわゆるブローカーのようなM&Aコンサルタントから「あそこの社長が買いたいと言っている」といった話がもち込まれることも時々あるそうです。

しかし、そういう人物からもち込まれる話では、実務を知らないブローカー的な事業者が買い手のコントロールをまったくできていません。結果的にマッチングにも時間が掛かるため、S&Gではすべて断っています。Byside FAはFAなので、当然ながら買い手に助言もしますし、M&Aの実務にも通じている点が、そういったブローカー的な事業者とはまったく異なります。

一方で、Byside FAを利用する場合に課題と感じる点がないかを尋ねたところ、紹介料の問題が挙げられました。

S&Gでは、提携先から紹介を受けた案件が成約した場合、一定の紹介料を提携先に支払います。通常は、売り手の紹介を受けた場合、S&Gが売り手から受ける成功報酬から一定割合を紹介料として支払います。ところがなかには、S&Gが売り手から受けた報酬と、買い手から受けた報酬の両方から、それぞれ一定割合を支払うという契約になっている提携先もあるそうです。S&Gが仲介をして両手で報酬を受けている場合は問題ないのですが、Byside FAが入ると、買い手からの報酬は受けられなくなります。

そのため、そういった契約となっている提携先からの案件については、Byside FAは利用しにくい面があるといいます。その点については、提携先との契約内容も含めて、今後の検討課題だということです。

【今後に向けて】

●顧客ファーストの追求を続ける

最後に競争が激しくなっているM&Aブティックのなかで、S&Gが会社として目指していく目標をたずねました。

「私たちは、いたずらに規模拡大を目指すことはしません。それはお客様にとっても、また、働いてくれているメンバーにとってもハッピーなことだとは思えないからです。地味な会社で構わないので、高い価値提供を実現していきたいと考えています。

大手M&A仲介会社の場合、仲介会社の都合、M&Aコンサルタントの都合で、やや拙速にディールが進められてしまい、その点にお客様が不満を感じるという話も聞きます。私たちは少数精鋭の組織だからこそできる『お客様ファースト』を理念として掲げており、今後もそれを突き詰めていきたいと思います」（岩下氏）

Byside FAの活用事例（M＆A支援事業者編2）

株式会社プルータス・マネジメントアドバイザリー

・業　態：ＦＡ（主に売り手側）
・取材協力：門澤 慎氏（株式会社プルータス・マネジメントアドバイザリー　代表取締役社長）

２０１７年に設立された、株式会社プルータス・マネジメントアドバイザリーは、Ｍ＆Ａアドバイザリー業務に特化した専業ＦＡです。

同社は、企業価値評価機関のパイオニア的存在である株式会社プルータス・コンサルティングのグループ企業であり、プルータス・コンサルティングの創業者・代表取締役でもある野口真人氏が、プルータス・マネジメントアドバイザリーの会長を兼務しています。

プルータス・マネジメントアドバイザリーの代表取締役である門澤 慎氏は、公認会計士・税理士でもあり、自動車メーカー・マツダの経理部から監査法人などを経てプルータス・コンサルティングに入社。同社でのＭ＆Ａアドバイザリー業務担当などを経て、2017年のプルータス・マネジメントアドバイザリー（以下、「プルータス」）の創設に参画して現職に就任しました。以後、同社のトップとして業務の指揮を執っています。

●専門性に基づいたFAサービスを提供

【事業概要】

門澤氏はM&Aの支援業務に関わるうえで、もともとアドバイザリー業務への進出を考えていました。それは公認会計士という立場もあり、専門性に基づいた付加価値を顧客に提供したいという思いがあったためです。門澤氏は、あくまで個人的な意見だと前置きしたうえで、M&A仲介業務では売り手と買い手の両者に対して、専門性に基づいた最大の価値を提供することは難しいのではないかと述べています。それは、売り手と買い手の価値最大化に相反する部分があると考えられるためです。

M&A仲介会社は、そのバランスをうまく調整しているかもしれませんが、少なくとも門澤氏自身は売り手か買い手どちらかの立場に立たなければ、最大の価値提供を行うことは難しいと感じていました。

そしてもう一つの理由、事業承継を主とした中堅・中小企業のM&Aにおいては、売り手と買い手との力関係の差があると感じていたことです。事業承継M&Aにおいては、売り手のM&A経験は基本的に一生に一度です。一方、買い手では、何社も譲り受けている会社も珍しくありません。また、売り手と比べて比較的規模が大きい企業が多いため、M&Aの専門知識をもった人材が社内にいる場合もあるなど、総じてM&Aの経験値が高い傾向があります。

事業承継M&Aの交渉においては、買い手が主導権を握りがちになるのではないかと、門澤氏には感じられました。中堅・中小企業経営者を支えるべき士業の立場としても、交渉において弱い立場になりがちな、売り手経営者のほうをサポートする業務に取り組みたかったというのも、門澤氏が仲介ではなくFA専業での創業を志した理由でした。

●FAと仲介との違い

プルータスでは、創業時の門澤氏の思いもあり、現在、受託しているFA業務の8割程度は、売り手からの依頼によるものとなっています。ただ、買い手からの依頼を拒否しているわけではないので、2割程度は買い手側のFA業務です。

売り手へのアプローチとしては、一般的なM&A仲介会社のようなテレアポでのアプローチも行っています。しかし、今のところFAに対する認知度は、M&A仲介と比べて非常に低いのが現状です。そのため、M&Aに興味をもつ企業にアプローチ後の面談などの段階でFAの立場や業務について説明をしています。

FAについての理解が得られると、他のM&A仲介会社との比較検討がされたうえで、FAのほうがいいということで最終的に選んでもらえる機会が増えてきます。

ただし、なかには比較したうえで仲介のほうがいいと考えて、M&A仲介会社に依頼する売り手も存在します。

「FAはオーダーメイドのようなもので、依頼者のさまざまなご要望に沿って、それをできるだけ完全に実現するために動きます。複数の買い手候補と同時に交渉を進めながら、最終的に1社を選択していくといったこともできます。ただし売り手の手間も時間も掛かります。一方、仲介は買い手が見つかればあとは基本的に相対で、条件を落とし込んでいくというプロセスになります。オーダーメイド性は低いですが、その分、FAより早くまとまりやすい傾向にあります。成約のしやすさという点では、仲介でもＦＡでも差はありません。仲介であれＦＡであれ、事業承継という大前提を理解していれば、その実現のために動くからです」（門澤氏）

成約しやすさには仲介でもＦＡでも差はないものの、要望にどれだけ応えられるか、また、売り手の手間や時間などの面では、ＦＡと仲介に一長一短はあるため、両方が選択肢として提示されて、売り手、買い手が選べることが理想だと門澤氏は考えています。

【Byside FA活用の背景】

●主に売り手側に立つため、買い手候補探索のためにBysideFAを活用

売り手から依頼を受けた売りＦＡは、買い手を探索しなければなりません。プルータスでは、自社での買い手探索にも力を入れています。この買い手候補探しの部分は、一般的に仲介会社で行われているものと同様です。また、複数の買い手候補を選定したアプローチリストを売り手に提示し、ショートリスト化していく点も、仲介会社とほぼ同様です。

その後、入札プロセスに進み、場合によっては複数の買い手と同時に交渉を進めながら、売り手の要望実現を目指します。

自社での買い手探索だけでは、売り手の要望を満たせる買い手が入札に現れないこともあります。そのため、買い手の紹介が得られそうなM&A支援事業者などとの連携も模索しており、その一環としてByside FAを利用しています。

以前には、M&A仲介会社に買い手を探索してFAとしてついてもらうことを依頼したこともありました。しかし、仲介を本業としている会社の場合、FAとしての業務は優先度が落ちると感じられたため、現在ではByside FAをはじめ、買いFAとの連携を中心としています。

プルータスが売りFAとなって、買い手と交渉する場合、買い手側はFAをつけることもあれば、FAをつけずに自社で対応することもあります。

Byside FAが買い手側につく場合、最適な買い手の探索やマッチングを依頼できる点はもちろんですが、その後のディールがスムーズに進められることもプルータスにとってのメリットだと感じられています。

「やはり、買い手企業と直接対応するのは、私たちも気を使いますし、対応のスピード感などで齟齬を感じることもあります。お互いにディールを熟知しているプロが入ることで、進行予定などを含めて、意思疎通がしやすいという点は助かります」（門澤氏）

【今後に向けて】

●M&A市場でのFAの普及が課題

日本のM&Aには失敗も多く、半数以上が失敗するともいわれています。失敗というのは、いわゆる高値つかみやPMIがうまくいかないなどです。その理由の一つには、FAの業務やその価値が、特に買い手企業から正しく理解されていないこともあるのではないかと、門澤氏は感じています。

それは、しばしばFAが単に案件情報を提供する、いわば仲介とあまり変わらない存在だと見なされており、その真価である助言の部分があまり重視されていないと感じられるということです。

門澤氏は買いFAを専門とするBysideFAという新しいスタイルのFAが登場したことに、そんなことができるのかという驚きと衝撃を受けていました。Byside FAとして活躍できる経験や能力をもつ事業者はかなり少ないだろうとは思いながらも今後のByside FAが発展していくことに大いに期待を寄せてくれています。

門澤氏は、仲介の存在意義や役割を否定してはいません。しかし、それとは異なるものとして、FA独自の価値や役割はもっと広く知られるべきだという思いももっています。そのようなM&Aの未来に向けて、プルータスとしてもByside FAを利用しながら、FAとしてのより高い価値の提供を追求していきたいと考えています。

第5章

仲介会社、ＦＡ、売り手、買い手……
すべてにメリットをもたらす
「Byside FA」が日本のＭ＆Ａを変える

これからも売りニーズは増えていく

現在は、成約困難だったり、ニーズが明確ではなかったりする売り手でも、気軽に仲介会社に相談や依頼ができるようになり、まさにM&Aが一般化して普及している状態といえます。さらにコロナ禍以降の大規模な社会変容のなかで、事業環境の先行きを見通すことが一層困難になり、事業継続に対する漠然とした不安が広がっています。いつまた大きな環境変化が起こるかも分からないので、いい条件の買い手が見つかるなら今のうちに譲渡したいといった考えが多くなっています。

現在、この動きに拍車を掛けているのが、コロナ禍において実施された中堅・中小企業に対する緊急金融支援策、いわゆる「ゼロゼロ融資」の返済が始まっていることです。ここ数年来続いてきた企業倒産減少のトレンドもいよいよ変化して、足元では倒産件数の前年度比上昇が続いています。

こういった背景により、明確な事業承継の意図はなくても将来が不透明という経営者の漠然とした不安による売りニーズは、今後ますます増えると思われます。

Byside FAが売り手企業にもたらすメリット

中堅・中小企業M＆Aの主流である事業承継目的の売りニーズでは、経営者が高齢で、時間的な余裕が少ないなかで第三者承継を模索しているケースもあります。そういう売り手にとって早期に買い手が見つからないことは、深刻な悩みとなっています。

また最初から候補が見つからないのも困りますが、相応の手間や時間を掛け、一定段階までディールが進んでからディール・ブレイクになるのも、売り手はかなりのダメージを受けます。

売り手が「このM＆Aコンサルタントはちょっと頼りなくて、不安だ」と感じたとき、非専任契約であれば、途中で別の仲介会社に依頼もできますが、専任契約を結んでしまえば、一定期間は別の仲介会社への依頼はできません。また信頼している知人からの紹介でその仲介会社に依頼しているなど、契約を解除したくてもできない背景事情があるケースもあります。

こういった売り手の悩みの大部分は、Byside FAの仕組みをM＆Aプロセスに参加させることで解消可能です。

私たちは買い手探索の専門家なので、M&Aブティックが買い手候補を紹介できていない、あるいはマッチングに至っていないケースでも、売り手に最適な買い手を紹介し、マッチングできる可能性が高くなります。売り手にとっては、早期に買い手候補が見つかることが大きなメリットです。

Byside FAは、買いFAとして買い手に助言をしますが、その目的はあくまでもM&Aを成約させることによって買い手の事業目的を達成させることです。そのため、いきなりディール・ブレイクさせるようなむちゃな条件を売り手に提示することはありません。仲介業務の経験も豊富な私たちならば、売り手の事情も理解し、その心情にも十分に配慮することができます。そのうえで、買い手の条件提示の事情や理由も丁寧に説明しながら、成約を目指すための条件提示を心掛けています。丁寧な交渉プロセスにより、ディール・ブレイクの確率が下がることも売り手のメリットになります。

なんらかの事情があって、現在依頼しているM&A仲介会社やM&Aコンサルタントは代えずにこのまま仲介業務を続けてほしいが、同時になるべく早く買い手を見つけてほしいといったこともあるかと思います。その場合には、担当のM&A仲介会社やM&Aコンサルタントに、Byside FAを活用することを、売り手側から提案してもらえばよいのです。「御社に引き続き仲介はお願いしたいが、買い手探しについてはByside FAという仕組みがあるので、それを使ってください」と、売り手からM＆A仲介会社に伝えてもらうということです。

私たちがM＆A仲介会社から依頼を受ければ、迅速な対応、買い手探索が実現されます。Byside FAの仕組みを取り入れることで、M＆A仲介会社やM＆Aコンサルタント、FAなどとの契約は変更しないまま、買い手探索の速度や精度を高められるのです。

Byside FAは買い手から報酬を受ける買いFAの一種であるため、M＆A仲介会社が私たちに買い手探索を依頼したとしても、売り手が追加で報酬などを支払う必要はありません。

Byside FAが買い手にもたらすメリット

買い手としては、漠然としたニーズでも、明確な条件が定まっているニーズでも、いずれにしても多くのM&A仲介会社やFAと緊密な関係をもち、自社のことや、自社が求めているものをよく理解してもらったうえで情報提供や探索を依頼することが必要です。

ところが、現在登録されているM&A支援機関だけで、3000弱の事業者がいます。そのすべてが積極的に活動をしているわけではありませんが、常時連絡を取って案件情報を得たり、相手の探索を依頼したりするというのは、たいへんな手間が掛かります。

結局、営業力が強い、多くても十数社程度のM&A仲介会社と付き合って、売り案件情報を得たり、売り手探索を依頼したりしているのが、買いニーズをもつ企業の現状です。もっと多くのいい案件を集めたい、幅広くM&A情報の受発信をしたい、と思ってもそれは物理的に難しいというのが、多くの買い手企業がもっている悩みです。

Byside FAの仕組みをもつ私たちから情報提供を受けることにより、こうした買い手の悩みはほぼすべてが解決されます。
買い手と秘密保持契約を結んだ私たちが買い手に提供する助言サービスには、各M&Aブティックとの情報交換からもたらされる売り案件を選別したうえでの提案、さらには、買いニーズ情報を逆に各ブティックへ発信し案件を収集する、といったサービスも含まれます。ここが、相手が決まっていてディールに入る段階から関与する、これまでの大半の買いFAと異なるところです。

Byside FAの仕組みのなかでは、ネットワーキングしている数百社のM&Aブティックから、常に最新の売り案件情報を得ています。一方で依頼を受けた買い手について、経営理念、事業内容、戦略、業績・財務、企業文化などそのすべてを可能な限り把握します。そして、M&Aブティックから常時もたらされる売り案件のなかから、買い手のニーズにマッチした案件だけを選定して情報提供します。つまり、売り案件の選定工程を一定程度代替するイメージです。

買い手は自社にとっての「いい案件」だけを効率的に知ることができ、ノイズ的な情報に惑わされたり、無駄な選定工数を掛けたりする必要がなくなるメリットがあります。

一方、定まった買いニーズがあり、具体的な売り手を探す場合には、Byside FAの仕組みを通じて私たちが発信情報のハブとなり、M&A仲介会社や売りFAに探索を依頼します。

買い手担当者が、数十、数百ものM&Aブティックとやり取りをする手間なしで、幅広く売り案件を探索できるようになることも大きなメリットです。

検討までの流れ

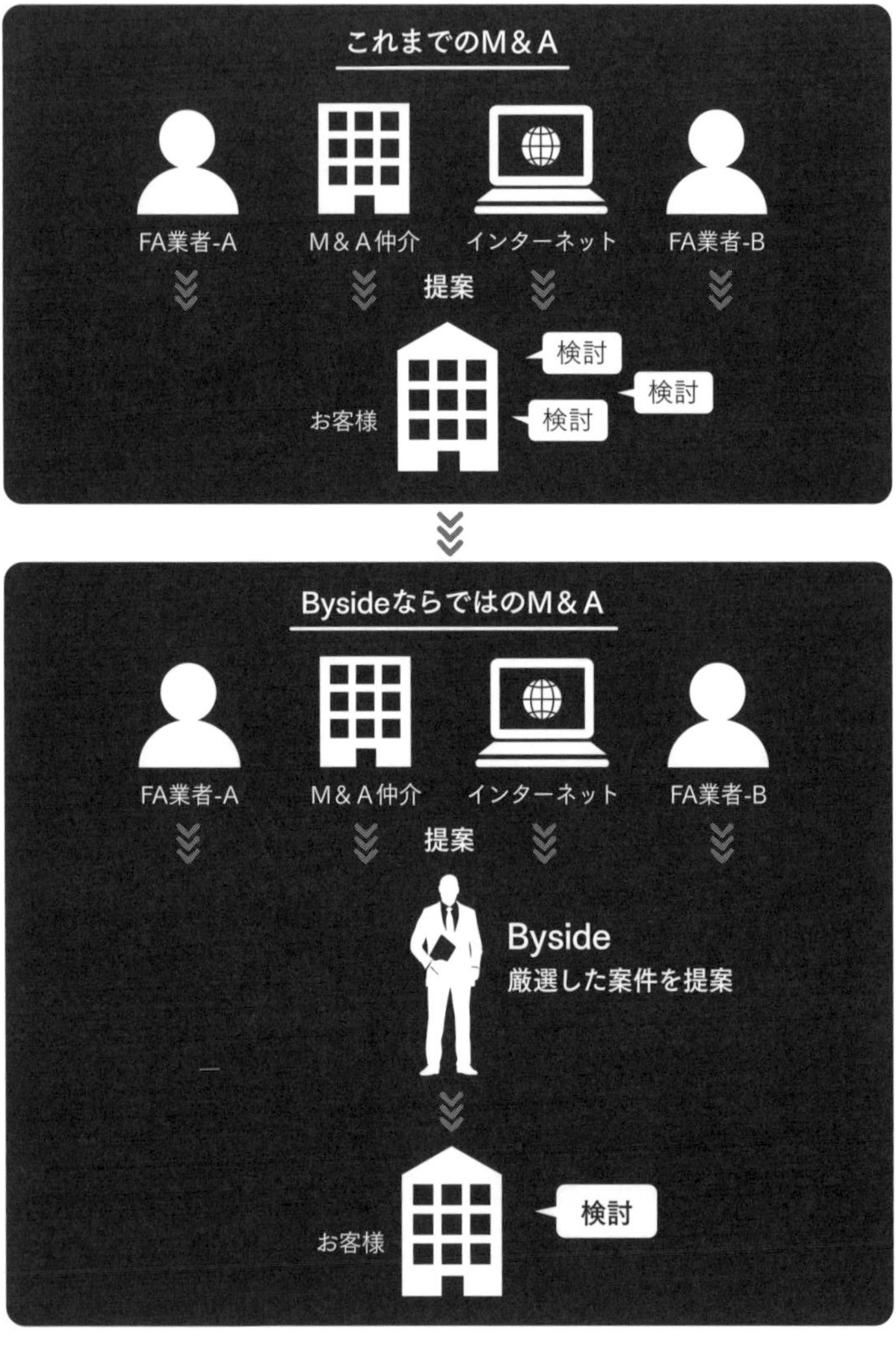
これまでのM&A
FA業者-A
M&A仲介
インターネット
FA業者-B
提案
検討
検討
検討
お客様
BysideならではのM&A
FA業者-A
M&A仲介
インターネット
FA業者-B
提案
Byside
厳選した案件を提案
検討
お客様

どこまでの買いニーズ情報を公開するのかといった点は、事前に買い手と打ち合わせて決めておくので、意図しない情報漏洩の心配もありません。

さらにByside FAは、買いFAとして、必要に応じて買い手の資金調達に係る相談やデュー・デリジェンスも引き受けることができます。M&A仲介会社は通常、それらのサービスは提供できないので、デュー・デリジェンスは、別途対応してくれる外部業者などを依頼するか、買い手が自社内で対応しなければなりません。それらのサービスをまとめて依頼できることも、買いFAという私たちの立場を活用することによって、買い手担当者の業務が削減されるメリットとなります。

買いニーズ基点によるM&Aが少ない理由

世の中には、売り手がいるのであれば買いたいという、買いニーズが基点となるM&Aも実際に行われています。私が最大手M&A仲介会社で買い手部門にいたときにも、買い手候補企業との接触のなかでそのようなニーズを知り、実際にその買いニーズにマッチした売り手を売り手担当部門の協力により探し出して、M&Aをまとめたことも何度もありました。

しかしこういった買いニーズ基点型のM&A仲介は、一般的な売りニーズ基点のM&Aに比べてディールが難しくなることは間違いありません。

一般的な売り手基点のM&A、特に事業承継案件の場合の一例です。譲渡金額や社員雇用以外の買い手の属性などの条件を売り手が細かく指定することなく、一定の譲渡金額で買ってくれるなら誰でもいいという売り手もいます。具体的には、埼玉県にある会社が売り手だとして、買い手企業が長野県にあろうが、静岡県にあろうが、譲り受けたい理由が明確であれば別にかまわないと考えるケースです。

買いニーズ基点型のM&Aでは、特定の経営上の課題を達成するためのM&Aですから、当然、その課題達成に関連した部分の条件は絶対に譲ることはできません。

埼玉県で居酒屋チェーンを展開する企業が、県内で店舗を増やしたいという目的で同業他社の譲り受けを希望する場合は、長野県や静岡県に店舗がある売り手を紹介しても、意味がないことは明らかです。このようなエリア展開以外でも、特定の技術が欲しい、人材（資格者）が欲しい、調達基盤・顧客基盤が欲しいなど、売り手に求める条件が明確であることが、買いニーズ基点の特性です。当然、候補となる企業は限定されます。

その限定された条件にマッチしそうな売り手との関係が、たまたま同じM&A仲介会社のなかにあるということはまれです。自社内に案件がない場合は条件に適合している会社を探さなくてはなりません。その会社に売りニーズがあるかどうかも分からないのに「御社の譲り受けに興味をもっている会社があるので、話を聞いてみませんか」とアプローチしていくことになり、難度も高くなります。いきなりそんなことを言われた経営者が、「ちょうど、会社を売ろうと思っていたんです」などと応えることはまずありません。相当な数の企業へのアプローチを実施する必要があり、もし検討してもらえるとしても、かなり時間も手間も掛かります。

買い手が大手上場企業であれば、まず豊富な資金力があり、また、売り手にとっても大手上場グループに入ることによって得られるメリットもあるので、検討の俎上に載せる可能性はあります。しかし、買い手が中堅・中小企業となれば、そのような背景もありません。

このように中堅・中小企業M&Aにおいて、買いニーズ基点のM&Aは、一般的な売りニーズ基点のM&Aに比べてかなり難度が上がるために、あまり取り組まれていなかったのです。

Byside FAは、買いニーズ基点での新しいM&Aマッチングの可能性も拓く

Byside FAの仕組みでは、①M&Aブティックがもっている売り案件を基点にして、②買い手候補企業を探索し、③マッチング後は、買いFAとしてM&Aをサポートする、というのが基本的な流れです。

なぜ買いニーズ基点でのM&Aにおいても、Byside FAの仕組みを活用することによりその可能性が広がるのかといえば、多くのM&Aブティック（M&A仲介会社や売りFA）との幅広いネットワークを活用できるためです。特定の目的のために限定された買いニーズに、ちょうどマッチする売り手をつかんでいることは、大手M&A仲介会社でもめったにありません。しかしByside FAの仕組みを使えば、数百のM&Aブティックとのネットワークを活用することができるのです。

仮に300社のM&Aブティックとのビジネス連携があるとして、1社で探すよりもその300社に「こういう買いニーズがあるのですが、そちらに心当たりはありませんか」という情報を提供することが重要です。なぜなら、すでに案件化されている売り手が見つかるだけでなく、案件化されていなくとも、今後ディールの可能性のある案件が見つかる割合が格段に高まるからです。

ここから、私たちがハブとなることで、買いニーズ基点のM&Aマッチングのハードルがぐんと下がり、売りニーズ基点が中心だった中堅・中小企業M&A市場に、新しい情報の流れに基づいたM&Aマッチングのスタイルを普及させていく可能性が開けます。

なお、そのような買いニーズ基点のM&Aであっても、私たちはあくまで買いFAという立場なので、売り手からの委託はM&A仲介会社や売りFAが受けることとなります。

Byside FAとM&Aマッチングプラットフォームとの違い

M&Aマッチングプラットフォームとは、会社、事業の譲渡または譲り受けを希望する人が、自分自身、もしくは自ら依頼したアドバイザーにより自社のニーズ情報を登録・公開し、公開されているニーズ情報に興味をもった人がプラットフォームを通じて連絡を取ることで、M&Aマッチングを図れるWebサイトです。現在、いくつものM&Aマッチングプラットフォームが存在しています。

M&Aマッチングプラットフォームは、手数料が無料、または廉価で登録できるので、手軽に利用できる点がメリットです。しかし、手軽に登録、連絡できるがゆえに、その本気度にばらつきが多いことが難点です。さして本気で検討しているわけではない利用者や、情報収集だけを目的にした利用者からの連絡も多いため、なかなか決まらない割には、対応に手間ばかりが掛かるといったこともよく見られます。

掲載されているニーズも、直近に掲載されたものは別ですが、少し前に掲載されたものだと状況が変化していて、〝死んだニーズ〟となっている場合がよく見られます。情報更新が面倒なので、ニーズがなくなってもそのまま放置されてしまうケースもあるのです。

M&Aマッチングプラットフォーム利用者の全般的な傾向として、小規模譲渡・譲り受け（数百万〜三千万円程度）を望むユーザーが多いので、一定規模の譲り受けニーズだとマッチングが難しくなることが多いようです。

さらには、公開情報となるため、当然、ニーズ自体の秘密保持はできません。

Byside FAの仕組みのなかで、買いニーズとしてM＆Aブティックに紹介する場合、その売り案件に求められている規模感などにマッチした買いニーズであることは当然として、買い手の現在の状況を把握して、〝生きたニーズ〟だけを紹介しています。そのため、M＆Aブティックの担当者が無駄な対応をさせられることがありません。

M＆A業界を再定義するByside FA

私は、M＆Aマッチングプラットフォームを否定しているわけではありません。

小規模で譲渡価格が低いために、M＆AコンサルタントやFAに高額な手数料を支払っていては割に合わないM＆Aや、情報の秘匿性にこだわらない売り手は増えています。そういう案件であれば、M＆Aマッチングプラットフォームを利用することは非常に有効だと感じています。

そもそもプラットフォームは、ひいては仲介やFAも、結局のところ円滑なM＆Aをサポートする、いわばツールに過ぎません。

M&Aの主役は、あくまで売り手と買い手であり、売り手と買い手が直接出会い、交渉して自分たちで契約を結んでも、まったく問題なくM&Aは成立します。

しかし、そうそう都合良く会社や事業をM&Aできる相手と出会うことはありません。また、そういう相手を知っていたとしても、売り手の多くは何度も取引を経験するものではなく、一生に一回の取引であることから、財務上あるいは法務上の条件設定や手続きをどのように進めればいいのか分かりません。

そのため仲介やFA、あるいはプラットフォームが、その出会いや交渉プロセスを手助けするツールとして求められています。

Byside FAという仕組みは、売り案件に対する買い手探しにも取り組むという意味で、これまでになかった新しいツールだといえます。そして、買いFAとして買い手が直接利用できるだけではなく、M&A仲介会社や売りFAなど、売り案件を抱えているM&A支援業者なら誰でも利用でき、すべての関係者にメリットをもたらします。

中堅・中小企業M&A3・0へ

中堅・中小企業Ｍ＆Ａ２・０時代に、大手に追随しようとする新興Ｍ＆Ａ仲介会社が数多く生まれ、他業種からの参入もある現在の状況も、大いに歓迎すべきことだと考えます。Ｍ＆ＡのＤＸ（デジタルトランスフォーメーション）を掲げて急成長を遂げたＭ＆Ａ仲介会社もありますが、そういった新しい発想による新サービスの提供や業務革新は、Ｍ＆Ａ市場を活性化させ、ひいては売り手、買い手双方の企業にとってよりよいＭ＆Ａをもたらします。ユーザーファーストの観点で見て、悪いことはまったくありません。

市場の変化や革新によって、売り手、買い手のＭ＆Ａ満足度がより高まるべきだというユーザーファーストの観点からは、ＦＡとしてＭ＆Ａ市場に参入する事業者が増え、Ｍ＆Ａ専業事業者のうち４割がＦＡとなっている状況も、好ましい変化だと思われます。

中堅・中小企業Ｍ＆Ａにおいて、仲介が果たしている役割も確かにありますが、他方では、仲介が両手取引であることに、納得できない気持ちがある売り手や買い手も、一定数存在することは事実です。仲介に対する不満や疑問の声は、私自身、最大手Ｍ＆Ａ会社にいた時代から耳に入ってきましたし、Ｍ＆Ａが一般に普及すればするほど、そう感じる売り手、買い手が増えていることを強く実感しています。

「自分が心血を注いで育てた、子どものような会社を譲る」

「何億円、何十億円というお金を動かして、自分たちの命運を左右する投資をする」

そんな思いをもってＭ＆Ａを検討する売り手、買い手にとって、Ｍ＆Ａをサポートしてくれる事業者に、「１００％自分たちの立場に立ってアドバイスをしてほしい」と考えるのは、自然な感情ともいえます。

これまでは中堅・中小企業Ｍ＆Ａ市場において、Ｍ＆Ａ仲介会社の力があまりにも大きかったため、ＦＡという存在があまり知られておらず、名前は知っていてもＦＡを選択できるという知識自体があまり普及していませんでした。しかし、その状況が今ようやく変わろうとしています。

売り手と買い手が、仲介とＦＡ、さらにマッチングプラットフォームのメリット、デメリットを理解したうえで、仲介かＦＡかを選び、サポートの有無など、自分の好みに応じて、自由に選べるようになってきたのです。その選択肢が増えたことによってＭ＆Ａのハードルが下がりつつあります。検討する企業が増えればＭ＆Ａ市場はさらに拡大、発展していきます。

中堅・中小企業も仲介だけではない選択肢から自由にM＆Aのスタイルを選べる、それがより進化した「中堅・中小企業M＆A3・0」時代だと私は考えています。中堅・中小企業M＆A3・0の時代には、より多くの売り手、買い手が市場に参加するとともに、仲介会社とFAの数も増え、切磋琢磨しながら競争をしていくものと思われます。その新時代のM＆A市場では、Byside FAの役割はますます重要なものになっていくはずです。

Byside FAの活用事例（買い手編1）

日本グロース・キャピタル株式会社

・業　態：投資ファンド
・取材協力：佐藤 翔氏（日本グロース・キャピタル株式会社　パートナー）

日本グロース・キャピタル株式会社（以下、「GCJ」）は、主に非上場の中堅・中小企業との資本提携を行っている投資ファンドです。

現在の代表取締役である西野貴司氏をファンドマネジャーとした1号ファンドは、2007年より運用を開始し、16年以上の歴史をもつ投資ファンドになります。

これまでに資本提携をしてきた企業は約70社、現在は5号ファンドを運用しており、その資金規模は約200億円となっています。

【事業の特徴】

●中堅・中小企業との資本提携と経営支援に特化

現在、日本国内で投資活動をしていて、主に非上場企業と資本提携をする、いわゆるプライベート・エクイティ・ファンドは、国内系、外資系合わせて100社近く存在するといわれています。

そのなかで、GCJには際立った特徴が2点あります。1点目は、売上高約5億~50億円規模の中堅・中小企業に特化して資本提携を続けていることです。2点目の特徴として、資本提携先へは、資金的な支援をはじめ、販路拡大支援、後継者問題解決、経営人材招聘、管理体制の整備、さらにはM&Aによるグループ会社の獲得支援など、その企業特有の経営課題に寄り添って、さまざまな手厚い支援を実施している点が挙げられます。

1点目についてですが、投資ファンドは、投資家から預かった資金をさらなる成長が見込まれる優良な企業との資本提携に使い、その企業と二人三脚で企業価値を向上させる、というビジネスを手掛けています。

その結果・実績が好調であれば、次のファンドを設立（＝資金募集）します。一般的に、新しいファンドを設立するたびに募集する資金額、すなわちファンドサイズが大きくなっていきます。それはＧＣＪでも同様でした。１号ファンドは約40億円だったのが、４号ファンドでは約１４０億円、５号ファンドでは約２００億円と、ファンドサイズを拡大させてきました。そして、ファンドサイズが大きくなると、資本提携する企業の規模も大きくしていくことが一般的です。

しかし、ＧＣＪでは、これまでのところ一貫して、売上高５億～50億円規模の中堅・中小企業にフォーカスして資本提携をしています。

これは会社創業時に掲げられた「資本を活用し事業承継とその後の企業の成長をお手伝いしていく」という決意を今でも引き継いでいるためだといいます。

そして、２点目の特徴はそれと関連しています。ＧＣＪは、16年以上にわたって、中堅・中小企業との資本提携、経営支援を続けてきています。リーマンショックの前から一貫して、中堅・中小企業にフォーカスして資本提携を続けてきた投資ファンドは日本では稀有《けう》な存在です。だからこそ同社には、中堅・中小企業ならではのさまざまな経営支援のノウハウが蓄積されており、実際、その成果に深くコミットしています。そして、その支援ノウハウとコミットがあるからこそ、より積極的にさらなる企業との資本提携も行えるという、好循環ができているのです。

【Byside FA活用の背景】

●資本提携先のさらなる成長にコミットしながら、新しい資本提携を常に探し続けるハードワーク

投資ファンドであるＧＣＪには、事業承継や今後の成長戦略など、さまざまな経営課題で悩む中堅・中小企業との、資本提携に関する相談が多く寄せられています。ここでの資本提携とは、ＧＣＪが運用するファンドの資金を使い、資本提携先の株式のほぼ１００％を譲り受けるということです。Ｍ＆Ａの文脈でいうなら、ＧＣＪが運用するファンドを譲り受け手とするＭ＆Ａということになります。そのため、多くのＭ＆Ａ仲介会社やＦＡが、ＧＣＪに資本提携候補をもち込んでいます。

その点では、一般の事業会社が、M&A仲介会社から資本提携候補を紹介されて、M&Aの譲り受け手になるのと同じです。しかし、投資ファンドには固有の事情があります。それは、投資ファンドは事業会社と異なり、「資本提携をすること自体が本業」であるため、常に資本提携をし続けなければならないという部分にあります。

一般の企業の場合は、本業の事業があり、その補完や多角化のためにM&Aが検討されます。そこでは、M&Aをしないという選択肢も当然あります。しかし投資ファンドは、投資家からお預かりした資金を有望な企業との資本提携に活用し、その資金を運用することが本業ですから、まったく資本提携をしないという選択肢はあり得ません。そのため、常に優良な資本提携候補を探し求めているのです。優良な資本提携候補を探す必要性が、一般の企業より格段に高く、その姿勢もポジティブなものとなります。一方では、投資ファンドにおける投資の失敗は本業での失敗といえるため、その成果が投資家から厳しく問われます。余談ですが、投資成果が芳しくない投資ファンドは、以後投資家から資金を集めることができなくなり、事業継続することができなくなる厳しい世界です。そのため、資本提携候補を選別する目もより厳しくなります。

可能な限り多くの資本提携候補を探して、ファンドの目利き力によって厳選した企業とのみ資本提携する、それが投資ファンドのビジネスの前半部分です。

その実現のためには、多くの情報提供者、つまりM&A仲介会社やFAなどに自社のことをよく知ってもらう必要があります。そうでなければ、まだまだ伸び代のある優良な資本提携候補を紹介してもらえない、はたまた資本提携候補は紹介してもらえたとしても、ピントがずれたものばかりになってしまう危惧があるからです。GCJでいうなら、売上高約5億~50億円規模の企業に特化しているという点や、中堅・中小企業に対する経営支援に強みをもつ点、また、事業承継に課題を抱えている企業への豊富な支援実績を有している点、などの特徴があります。その他、これまでどのような業界の企業と資本提携をしてきたか、などの実績もマッチングには重要な要素となります。

それらの特徴を、M&A仲介会社などによく理解してもらったうえで、情報提供してもらえば、資本提携の実現可能性が高まります。GCJではその部分に課題を感じていたそうです。先に前半部分と述べましたが、投資ファンドは資本提携時にお金を出しておしまいではありません。資本提携後、中堅・中小企業と同じ経営の船に乗り、資本提携時よりも企業価値を向上させる、その後半部分こそが、投資ファンドの肝だともいえます。特にGCJのように、その企業が抱える経営課題に寄り添った支援に力を入れている投資ファンドでは、後半部分に大きな手間と時間が掛かるのが実情です。

「本来であれば、すべてのＭ＆Ａ仲介会社さんやＦＡさんに私たちから直接ご挨拶にうかがって、私たちの投資スタンスや強み、人柄などをご説明して、よく知っていただいたうえで、情報交換ができればと考えています。一方、私たちはすでに資本提携している企業様と同じ船に乗って、その経営課題にしっかりと向き合わなければなりません。オーナー社長が人生を懸けてわが子のように育ててきた大事な企業様。私たちを信頼していただき、パートナーシップを結んでいただいています。そのため、弊社のメンバー全員、真摯に向き合っており、これらの業務には本当に多くの時間が掛かっています。現在、Ｍ＆Ａ仲介会社さんやＦＡさんは日本全国に３０００社以上あるといわれており、その数は現在も増え続けています。こうした成長著しい業界において、どのように私たち自身のマーケティングを進めるか、Ｍ＆Ａ仲介会社さんやＦＡさんに私たちの存在を認知してもらえるか、ということに頭を悩ませていました」（佐藤氏）

ＧＣＪで感じられていたこの課題を解決するために用いられたのが、Byside FAの活用でした。

●Byside FAの活用により、営業効率が改善

Byside FAを活用するといっても、GCJでは引き続き、これまでアプローチができていなかったM&A仲介会社やFAへの新規アプローチも独自で続けています。

これまで実施してきたGCJ独自の営業活動に加え、私たちがネットワークをもつ数百のM&Aブティックからの情報を集約し、そこから、GCJの求めている規模感や事業内容に合致したものだけにフォーカスして、情報提供がなされます。その結果、GCJにもたらされる資本提携候補の数が増えただけではなく、適合性がある程度高い案件だけがもたらされるようになったため、GCJ側での営業効率が格段にアップしました。

そうやって私たちから紹介を受けた資本提携候補のなかから、すでに成約まで漕ぎつけた案件も登場します。しかし、その案件の紹介元だったFAは、これまでGCJとはまったく面識がなかったそうです。つまり、GCJが私たちの力を借りていなければ知り得なかった企業といえます。GCJではこのように目に見える形で、私たちに依頼した成果が表れています。

また私たちが買いFAでありながら、譲渡企業やそのオーナー、経営陣についてもしっ

かりと理解を深めていることにも助けられていると、ＧＣＪからは評価してもらっています。これは私たちの場合ですが、譲渡企業を紹介する際には、原則として事前に譲渡企業の経営者に面談をしてその人柄や考え方、また、譲渡意思の本気度などを確認したうえで、これは確かに成約まで進められそうだと判断した案件だけを紹介しています。もちろん、譲渡企業側のＭ＆ＡコンサルタントやＦＡからも譲渡企業に関する情報は教えてもらえるのですが、話を聞くだけと、自分の目と耳で確かめるのとでは、大きな違いがあります。

譲渡企業のことをしっかりと自分で理解しているからこそ、ＧＣＪのような譲り受け企業に対しては、相手はこのような人柄で考え方だから、こういうふうに接したほうがいいといった的確な助言ができるのです。それがディール・ブレイクの確率を下げることにつながります。

「Bysideからの紹介によって成約まで漕ぎつけた案件について、企業の財務や経営状態といった定量情報はもちろんのこと、先方の企業理念やお人柄、経営哲学など、資料上では分からないものの、資本提携をするには本当に重要な点に至るまで、非常に緻密なアドバイスをしてもらって助けられました」（佐藤氏）

ＧＣＪにとっては、優良な資本提携候補の選別や紹介だけではなく、ディール実務の的確なアドバイスやサポートが受けられる点も、私たちを利用するメリットだと感じてもらっています。

【今後に向けて】

●さらなるネットワークの拡大に期待

ＧＣＪでは資本提携先の経営支援の一環として、他地域進出や販路拡大などのために、既存の資本提携先を主役としたＭ＆Ａによる他社の譲り受けが検討される場合もあります。そのような場合「○○市で事業基盤を持つ企業と提携したい」「□□という材料の仕入れに強みを持った企業とパートナーシップを組みたい」「△△という販売先に深いリレーションを持つ企業と助け合いたい」といった形で、相手に求めるニーズが非常に限定的で、さまざまな地域や特定の領域・業界に強いＭ＆Ａ仲介会社やＦＡからの情報提供、協力が不可欠となります。

そうした非常に限定的なニーズについても、ＧＣＪはBysideＦＡを活用しています。私たちがネットワークを有している数百のM＆Aブティックに、そうしたニーズに合致する企業がないかサーチすることで、難易度が高いニーズであっても、検討候補が増え、見つかる可能性が高まったと感じているそうです。

とはいえ、私たちもまだすべてのM＆A仲介会社やFAとの深いリレーションをもっているといえる状態ではありません。

「私たちが理念としている『中堅・中小企業の事業承継のご支援とその後の企業の成長をお手伝いしていく』ということを体現していくためにも、今後、Bysideがさらに多くのM＆A仲介会社さんやFAさんとのネットワークを広げて、より多くの情報提供を実現してほしいとGCJでは考えています」（佐藤氏）

Byside FAの活用事例（買い手編2）

新柏倉庫株式会社

・業　態：倉庫業
・取材協力：伊藤武人氏（新柏倉庫株式会社　代表取締役社長）

新柏倉庫株式会社（以下「新柏倉庫」）は、千葉県柏市に本社があり、周辺にいくつかの倉庫を運営する、いわゆる地場の倉庫事業者です。社員は正社員・パート社員を合わせて約140人で、自社保有物件と賃貸物件を合わせて約7万坪の倉庫を管理しています。また、そのほかにグループ会社で運送業なども運営しています。

創業は1968年と古く、伊藤氏は先代社長である叔父のあとを継いで、2008年に代表取締役に就任しました。

伊藤社長時代になってから、新柏倉庫では複数の会社、事業のM&Aを実施しています。主に譲り受けですが譲渡したものもあります。同社の規模から考えると、かなり積極的にM&Aに取り組んでいる企業です。

【事業の特徴】

●積極的なM&Aの活用で成長路線を突き進む新柏倉庫

同社の積極的なM&Aへの取り組みは、2つの面から行われてきました。

1つ目は倉庫自体の量的な拡大です。倉庫業というのは設備産業であり、事業成長のためには新規倉庫の取得が欠かせないのですが、近隣エリアでの倉庫の取得や建設が、だんだんと困難になってきています。また、新規倉庫が荷主をつかむためには時間も掛かります。そこで、すでに倉庫を運営している他社を譲り受ければ、それまでの荷主もいるので、時間を掛けずに成長が図れます。

2つ目は、倉庫業の範囲内でこれまで取り組んでいなかった新規業務のノウハウや、倉庫業の周辺分野の事業を取得することです。例えば、3PL（3rd Party Logistics）と呼ばれる、荷主の物流業務を包括的に受託するサービス事業や、運送業を運営している売り手の譲り受けで、これは質的な深化や多様化を企図したM&Aだといえます。

【Byside FA活用の背景】

● 仲介によるM&Aの失敗経験で、FAのメリットに気づく

積極的にM&Aを仕掛けている伊藤氏ですが、そのM&A履歴のスタートは、知人からの倉庫の譲り受けでした。知人は個人事業で倉庫を運営していたのですが赤字だったということで、伊藤氏が「代わりにやってよ」と言われたことがきっかけで引き受けたといい

ます。

新柏倉庫が管理するようになって、半年程度で黒字化を達成し、伊藤氏はM&Aに目覚めました。

2件目のM&Aは、倉庫、運輸、流通加工などの総合物流業務をしているD社の譲り受けです。実は、これは私が大手M&A仲介会社に在籍していた時代に紹介した案件でした。この案件は、当時としては珍しく売り手側がFAをつけており、私は仲介会社に在籍していたのですが、新柏倉庫の買いFAとして助言や交渉サポートをしました。D社も業績は赤字で、それだけではなく現場の管理状況なども非常に悪化していました。それもあって、売りFAとの交渉はかなりシビアでハードなものになりましたが、成約させることができました。

このD社でも、伊藤氏の優れた経営手腕が発揮され、新柏倉庫グループ入りしてから1年ほどで黒字転換しています。

他方、同社のM&Aには成功ばかりではなく、失敗するケースもありました。

あるM&A仲介会社からの紹介で譲り受けたシステム開発会社は、事前の説明と実際の業務内容が大きく異なっていたそうです。また、M&A仲介会社のコンサルタントもかなり押しが強く、やたらと決断を急がせるなど、あとから考えれば不審なところがありました。もちろん、最終的に契約をしたのは伊藤氏自身なので、M＆Aコンサルタントがすべて悪いとはいえませんが、私から見てもそのM＆Aコンサルタントの対応には疑問を感じざるを得ません。その後、譲渡して手放します。

このM＆A仲介を受けての失敗経験を踏まえて、FAによって成約したD社のディールと比べて、伊藤氏は仲介とFAの大きな違いを理解できたといいます。

「あまり質の良くないM＆Aコンサルタントによって失敗を経験したことで、逆に100％自分たちの立場で助言やシビアな交渉にも対応してくれたFAのメリットが実感できました」（伊藤氏）

それ以後、伊藤氏の元にM＆A仲介会社などから紹介される売り案件で気になるものがあった場合、伊藤氏はまず私たちに相談し、私たちの助言を参考にしてM＆Aを判断されるようになりました。

●Byside FAを活用して成功させた2件の譲り受け

私たちがByside FA事業をスタートしたあと、新柏倉庫ではByside FAを活用して2社の譲り受けを実現しています。

1社目は、中古パレット（倉庫で荷物を載せる台座）の販売事業をしている、有限会社ユーテックです。

荷物を載せるパレットは倉庫業、運輸業には不可欠な資材です。同社の売り案件情報を入手した私たちは、その中古在庫を多くもつユーテック社の譲り受けは、新柏倉庫にとって事業上の大きなメリットがあると考えました。また、倉庫業や運輸業といったサービス業だけではなく、販売事業も経験しておくことは、同社の将来的な成長発展の可能性を広げることにもつながると思われます。

伊藤氏は私たちの提案を受け、ぜひ進めてほしいと業務を依頼されました。売り案件を紹介してくれたM&Aブティックと交渉し、最終的に契約をまとめて新柏倉庫がユーテック社を譲り受けます。

もう1社は、K社という物流会社からの物流事業の事業譲渡です。

このＫ社は、伊藤氏が自身でＭ＆Ａマッチングプラットフォームで見つけた売り手でした。伊藤氏にとって、その物流事業の内容自体は魅力的なものに思えたのですが、業績は赤字でした。赤字には偶発的な要因もあったものの、財務は負債額も多く債務超過であり、かなり危険な状態でした。

伊藤氏から案件情報を見せられ相談を受けた私は、「この会社はやめたほうがいいですよ」とアドバイスしましたが、事業に加えて顧客基盤に高いポテンシャルがあり、なんとか引き受けられないかと言われます。そこで私は株式を譲り受けるのではなく、事業譲渡によって事業と従業員、顧客基盤を受け継ぐスキームを提案しました。

Ｍ＆Ａマッチングプラットフォームに掲載されている案件とはいえ、事業譲渡となると契約関係が複雑になるので、正式に私たちが買いＦＡを引き受けて先方との交渉をまとめました。

多額の債務の扱いや従業員の扱いなどを巡って、かなりシビアな交渉もありましたが、最終的には事業譲渡Ｍ＆Ａが成功しました。

ユーテック社と、Ｋ社の事業譲渡のいずれも、現在は黒字化が達成され、順調に成長しています。

【今後に向けて】

●中堅・中小企業の買い手だからこそ、踏み込んだアドバイスを

伊藤氏のところにM&A仲介会社から案件紹介があった場合、伊藤氏はまず私たちに相談します。そのうえで、前向きに検討したい案件であった場合、規模が非常に小さくてすぐにまとまりそうな案件は別として、ある程度以上の規模であれば、M&A仲介会社に対しては「買いFAを通じて交渉したい」と申し出ています。買いFAを立てて交渉するのが、M&Aの基本スタイルだと考えるようになっているためです。

買いFAがいることによるもう一つのメリットとして、デュー・デリジェンスの実務を併せて依頼できる点が大きいといいます。

「会計事務所などにデュー・デリジェンスを依頼すると、一から説明をするのがかなり面倒なのです。その点、FAならディールのことは全部分かっているので、その説明をしなくて済むのも非常に助かります」(伊藤氏)

伊藤氏は、今後も引き続きM&Aを積極的に手掛けていく意向ですが、その際にはBysideFAからのアドバイスに特に期待していると言います。大企業と違って経営資源が限られる中

堅・中小企業だからこそ、単に売り手を分析するだけではなく、依頼する買い手企業の事業内容や将来展望にまで深く踏み込んだアドバイスができれば、Byside FAの価値はますます高まります。

Byside FAの活用事例（買い手編3）

株式会社オークネット・コンシューマープロダクツ

・業　態：ブランドオークションなどの運営サポート業務
・取材協力：齋藤康人氏（株式会社オークネット・コンシューマープロダクツ　代表取締役社長）
　則竹勇毅氏（株式会社オークネット・コンシューマープロダクツ　CP事業戦略室GM）

株式会社オークネット・コンシューマープロダクツ（以下、「オークネットCP」）は、東証プライム市場に上場している株式会社オークネットのグループ企業です。

オークネットは、1985年創業。以来さまざまな業界で循環型のマーケットデザインを展開してきました。２０１５年にオークネットの事業のうち、時計、バッグ、ジュエリーなどの高級ブランド品のオークション部門が分社化され、１００％子会社として設立されたのが、オークネットＣＰです。

オークネットの取扱高が約５０００億円、売上高が約４０５億円（２０２２年12月期）、オークネットＣＰの取扱高が約４９０億円となっています。


【事業の特徴】
●積極的にM&Aを手掛ける

オークネットは、２０２２年12月期からスタートした中期経営計画「Blue Print 2025」において、「既存事業の成長に加え、積極的なＭ＆Ａを推進し、目標をＥＢＩＴＤＡ１００億円に設定」と宣言されているように、継続的にＭ＆Ａに取り組んでいる企業です。

「Blue Print 2025」では、Ｍ＆Ａが完了した事例として、株式会社ギャラリーレア、株式会社東京砧《きぬた》花き園芸市場、株式会社グランブーケ大多喜の事例が掲載されています。

株式会社ギャラリーレアは、２００４年に設立され、エルメスやルイ・ヴィトンなどの高級ブランド商品の買い取りや店舗・ＥＣ販売、海外販売、オークション運営などを行っているリユース企業です。

オークネットグループの既存事業である中古車などのオークションは、主にＢtoＢ領域での手数料ビジネスです。一方、ギャラリーレアは、ＢtoＢオークション事業も手掛けていたものの、中心は自社でブランド品を買い取って販売するＢtoＣ領域での小売りビジネスでした。オークネットにとっては、既存領域での浸透だけではなく、新規領域への進出となります。

ギャラリーレアの譲り受けにより、オークネットは買い取り・仕入れから小売り・換金までのバリューチェーンをトータルでカバーすることが可能となりました。また、ギャラリーレアを統合したことにより、オークネットＣＰの取扱高は業界上位となる約４９０億円以上の規模へ拡大したことが、公表されています。

【Bysideの活用の背景】

●上場企業でのディールでもメリットがあるBysideFA

「オークションやリユースの業界には、大企業はそれほどありません。M&Aのディールサイズも中小型になります。既存の大手M&A仲介会社以外にも、昨今増えているM&Aブティックに細かく接点をもって、情報を集める必要があります」（齋藤氏）

しかし、近年M&A仲介会社の数が急増していることから、その情報収集の難度が上がってきています。

「200社、300社のM&Aブティックと私たちが常時接することは困難です。買い手サイドに特化し、多くのM&Aブティックから案件を集約してFAとして案件を紹介していただける、Bysideの存在には助けられています」（齋藤氏）

単に情報が集約されるだけではなく、売り手の温度感、つまり現時点で本気で売る気なのか、それとも少し様子見の気持ちもあるのかといった点を、客観的に評価して伝えてもらえることにも、助けられているといいます。

【今後に向けて】

●GCV（総循環型流通価値）1兆円へ向けて、積極的なM&A展開を図る

オークネットは上場企業ですから、株主をはじめとしたステークホルダーへの説明責任など、厳しいガバナンスが求められます。M＆Aでの譲り受けは株主利益に大きく影響する重要な行為であるため、取締役会でなされた意思決定が、株主利益にかなうものであるかは、常に問われます。

「あくまで一般論ですが、双方から手数料を受け取る仲介には、取引の透明性という点で、あいまいな部分が残ってしまうと思います。今後はより透明性が高いＦＡが増える方向に、Ｍ&Ａ業界全体がシフトしていくのではないでしょうか？」（齋藤氏）

「Blue Print 2025」では、成長投資の推進として、１００億円規模のＭ&Ａ投資の方針が掲げられています。２０２５年でのＧＣＶ（総循環型流通価値）１兆円、ＥＢＩＴＤＡ１００億円の実現を目指している同社が、今後どのようなＭ&Ａに取り組んでいくのかが注目されます。

おわりに

M&Aは、時に優れたビジネスのDNAを死滅させずに承継させ、時に成長が止まった企業を停滞からよみがえらせるすばらしい手法です。M&Aがあることにより、企業経済の健全な新陳代謝も促進され、国全体、あるいはグローバルなマクロ経済の視点から見たときに資源配分が最適化されます。それは、狭く市場経済の視点のみならず、持続可能な社会を形成するSDGsの観点からも資するものであると考えられます。

私は前職の大手M&A仲介会社に在籍していたときから、そのようなM&Aをサポートするビジネスに携われることに誇りと喜びを感じていました。

M&Aのおかげで会社を残すことができ、従業員の職場も守ることができたと喜んでくれた経営者、いい会社を紹介してもらって業績が飛躍的に伸びたと報告してくれた経営者、そんな方たちの姿と、お声をいただくたびに、M&A仲介を仕事にして本当に良かったとうれしくなったものです。おそらく読者のなかにもM&AコンサルタントやFAなどの皆様もいらっしゃり、きっと同じ思いを抱いたことがあるはずです。

だからこそ日本において、まだまだ発展途上であったM&A市場が、もっと成長発展してM&Aを選択する中堅・中小企業が増えていくべきだとも考えていました。

そのために、自分に何ができるだろうか、ということを自問自答して得られた答えが、Byside FAという新しいサービスの提供によって、M&A業界の構造を再定義するというチャレンジでした。Byside FAは、売り手企業、買い手企業、そしてM&Aブティックのすべてに利益をもたらし、ひいては日本のM&A市場をさらに活性化させる起爆剤になると確信したのです。

それは誰にでもできる仕事ではないとも思っていました。だからこそ、この業界を再定義して変えるのは自分しかいない、そのような強い使命感をもってByside株式会社を創業しました。

それが単なる大言壮語か、それとも本当に日本のM&A業界を再定義して躍進させる起爆剤となるか、その結果が現れるのはこれからです。しかし、現時点でも確かに変化の萌芽を感じているところです。

改めてお名前を挙げることはしませんが、事例掲載のための取材にご協力いただいた各社の皆様には、心より感謝申し上げます。

そして、読者のM&A支援に携わっている皆様、日々買い手として案件を探索しておられる皆様にも、厚くお礼を申し上げます。本書を最後まで読んでいただき、ありがとうございました。

ハードなM&A支援業務に日々全力で取り組まれている皆様、無数の売り案件のなかから自社に合う最適な案件を日々探しておられる皆様には、心から共感しています。皆様の業務がますます良いものとなるために、本書が少しでもお役に立てるなら、著者冥利に尽きます。

【著者プロフィール】

川畑 勇人（かわばた はやと）

1984年生まれ、鹿児島県奄美大島出身。
2008年、早稲田大学第一文学部を卒業後、株式会社キーエンスに入社。
同期200人、営業部員2000人のなかで常にトップの座を維持し2014年、
責任者の内示が出るのに伴い同社退社。同年、株式会社日本Ｍ＆Ａセンター入社。2019年、買い手事業部の部長職に就任。2021年、株式会社日本PMIコンサルティング取締役就任。翌年、Byside株式会社設立、代表取締役に就任。中堅・中小企業がＭ＆Ａの選択肢を自由に選べる時代（M&A3.0時代）を見据え、買いＦＡを提唱。Ｍ＆Ａ仲介会社、売り手企業、買い手企業、すべてにメリットをもたらすサービスを開発している。

本書についての
ご意見・ご感想はコチラ

中堅・中小企業のM&Aを成功に導く
Byside FA

2023年11月30日　第1刷発行

著　者　　川畑勇人
発行人　　久保田貴幸

発行元　　株式会社 幻冬舎メディアコンサルティング
〒151-0051　東京都渋谷区千駄ヶ谷4-9-7
電話　03-5411-6440（編集）

発売元　　株式会社 幻冬舎
〒151-0051　東京都渋谷区千駄ヶ谷4-9-7
電話　03-5411-6222（営業）

印刷・製本　中央精版印刷株式会社
装　丁　　弓田和則

検印廃止

Printed in Japan
ISBN 978-4-344-94735-1 C0034
幻冬舎メディアコンサルティングＨＰ
https://www.gentosha-mc.com/